RUBEN GERMEROT

SOKRATISCHER Dialog im Alltag

DAS PRAXISBUCH

Alle Ratschläge in diesem Buch wurden vom Autor und vom Verlag sorgfältig erwogen und geprüft. Eine Garantie kann dennoch nicht übernommen werden. Eine Haftung des Autors beziehungsweise des Verlags für jegliche Personen-, Sach- und Vermögensschäden ist daher ausgeschlossen.

www.edition-lunerion.de

Für Fragen und Anregungen:
info@edition-lunerion.de
Auflage 2025

Inhalt

Vorwort

„Das hat alles keinen Zweck“, „Ich kann das sowieso nicht“ oder „Wie soll ich das nur schaffen?“ sind Floskeln, die wahrscheinlich jeder von uns bereits im Alltag verwendet hat. Sie sind auf der einen Seite Ausdruck einer empfundenen Hilflosigkeit, eines Gefühls, machtlos zu sein; auf der anderen Seite drücken Sie aber bereits eine gewisse Resignation aus. Wir haben das Gefühl, nichts bewirken zu können, und glauben, uns selbst gut genug zu kennen, dass wir diese Aussage auf alle Fälle treffen können. Oftmals sind wir dabei festgefahren oder gefangen in unseren alltäglichen Strukturen und Denkmustern.

In manchen Fällen mag die Aufmunterung ausreichen, um uns aus der negativen Gedankenspirale herauszuhelfen. Ein freundschaftliches „Du schaffst das“ oder „Natürlich kannst du das“ mag uns bei der Bewältigung eines überschaubaren, konkreten Problems helfen. Nehmen Sie an, Sie fühlen sich überarbeitet, weil Sie in Ihrem Job aktuell zwei Projekte gleichzeitig betreuen müssen. Hier kann es durchaus helfen, wenn Ihnen Ihr Kollege bloß gut zuredet. Schließlich ist der Zustand nicht von Dauer und Sie müssen nur kurzfristig daran glauben, dass Sie zwei Projekte parallel stemmen können, denn in zwei Wochen ist eines der beiden ohnehin abgeschlossen.

Doch was ist, wenn der Zustand der Überforderung oder Überarbeitung dauerhaft ist? Wenn Sie also immer zwei oder mehr Projekte gleichzeitig bearbeiten müssen oder wenn Sie von Selbstzweifeln geplagt werden, die Sie selbst beim einfachsten Projekt daran zweifeln lassen, ob Sie es erfolgreich meistern können? Dann hilft Ihnen der sinnbildliche Klaps auf die Schulter nicht mehr. In diesem Fall sind Sie gut beraten, das Problem bei der Wurzel zu packen. Und die ist meist mit Ihrer inneren Einstellung und Überzeugung verknüpft.

Der *Sokratische Dialog* oder auch die *Sokratische Gesprächsführung* ist eine Methode, mit deren Hilfe Sie negative Glaubenssätze überwinden und tiefere Erkenntnisse über sich selbst und Ihre Umwelt gewinnen können. Durch diese Art der *Reflexion* werden Sie schnell bemerken, dass Ihr negatives Selbstbild, Ihre kreisenden Gedanken und die Wahrnehmung Ihres privaten oder Arbeitsumfeldes keine objektiven Wahrheiten sind. Ihre Sicht der Dinge ist also nicht in Stein gemeißelt, denn es gibt zu all Ihren Gedanken einen entsprechenden *Widerspruch*. In einem Sokratischen Dialog werden diese Widersprüche aufgezeigt und Sie erkennen Ihre eigene Denkstruktur, inklusive Denkfehlern und Hemmnissen.

Dabei handelt es sich nicht um ein Therapiegespräch im klassischen Sinne. Niemand wird Ihnen sagen, was Sie richtig oder falsch machen oder wie Sie sich zu verhalten haben. Ziel des Dialogs ist es, dass Sie sich selbst helfen können – Ihr Dialogpartner hilft Ihnen dabei, doch die Überzeugung und die tiefere Erkenntnis kommen aus Ihnen selbst.

„Hilfe zur Selbsthilfe" lautet, stark verkürzt, das Motto dieses Buches. Es geht nicht darum, Sie zu belehren oder Ihren bisherigen Umgang mit Problemen oder schwierigen Situationen zu kritisieren. Es geht darum, Ihnen bei zukünftig auftretenden Problemen zu helfen, sich selbst zu helfen. Denn das Potenzial, mit Ihren Problemen fertig zu werden, schlummert in Ihnen! Lassen Sie es uns anhand dieses Ratgebers gemeinsam aktivieren und Ihre alltäglichen Sorgen und negativen Gedankengänge über Bord werfen.

Was Sie hier erwartet ...

„Ich weiß, dass ich nicht weiß."
(Sokrates)

Dies ist der vielleicht berühmteste Satz, der dem antiken griechischen Philosophen Sokrates zugeschrieben wird. Gelegentlich wird dieser Satz jedoch falsch zitiert: „Ich weiß, dass ich nichts weiß" geistert als immer wieder reproduzierte Fehlinterpretation nicht nur durch die Welt der Ratgeber, sondern selbst durch die akademische Philosophie. Dabei wäre es selbst für Sokrates zu viel der Koketterie, wenn er behauptet hätte, über keinerlei Wissen zu verfügen.

Doch die Erkenntnis der Tatsache, dass man *nicht* weiß, ist eine fast schon unglaubliche Erkenntnis, die trotz ihrer vermeintlichen Banalität zu einer tiefen Einsicht führen kann. Schließlich kennen wir vermutlich alle die Situation, dass wir jemandem zuhören (müssen) und uns dabei still und heimlich denken, dass es besser gewesen wäre, wenn derjenige rechtzeitig erkannt hätte, dass er *nicht* weiß und sich deshalb nicht zu dem Thema geäußert hätte. Vorträge von Familienmitgliedern oder Bekannten zu politischen Themen, gerne gespickt mit Verschwörungstheorien oder eigenen heiklen Thesen, bilden wohl die Extremform dieser Erlebnisse.

Und so sollten auch wir stets in Betracht ziehen, dass wir unter Umständen nicht wissen, dass wir uns selbst und unser Verhalten hinterfragen und reflektieren sollten. So werden wir nicht bloß zu angenehmeren Gesprächspartnern, sondern erkennen unsere eigenen Denkfehler, die uns im Alltag hindern, und unsere falschen Annahmen, die uns einbremsen oder in ein Gedankengefängnis sperren.

Gemeinsam werden wir in dem vorliegenden Buch den Grundstein für diesen Reflexionsprozess legen. Wir werden zunächst erfahren, was es mit der Methode des Sokratischen Dialogs auf sich hat und wo man sie noch immer erfolgreich anwendet, auch wenn sie bereits mehrere tausend Jahre alt ist. Danach beschäftigen wir uns mit der *praktischen* Anwendung des Dialogs und lernen, wie dieser im konkreten Fall durchgeführt wird. Auch ein Exkurs in die Psychologie erwartet uns, um im Anschluss anhand konkreter Fallbeispiele festzumachen, in welchen Alltagssituationen uns der Sokratische Dialog aus unseren Denkgefängnissen befreien kann.

Um ein wenig Theorie kommt man bei einem solchen Thema nicht herum, schließlich sollen die Hintergründe und psychologisch-behavioristischen Grundlagen des Sokratischen Dialogs nicht außer Acht gelassen werden, doch keine Angst: Es handelt sich nicht um einen Lektürekurs zu Sokrates oder um ein Philosophie-Seminar wie an der Universität. Die Praxis steht im Vordergrund, weshalb es an vielen Stellen praktische Erläuterungen und Beispiele zum besseren Verständnis geben wird.

Lassen Sie uns also gemeinsam starten und den Bereich unseres Nichtwissens ein wenig verkleinern.

Der Sokratische Dialog: Eine uralte Kunst

„Das gute Gelingen ist zwar nichts Kleines,
fängt aber mit Kleinigkeiten an."
(Sokrates)

Der Sokratische Dialog geht, wie der Name bereits verrät, auf den antiken griechischen Philosophen Sokrates zurück, der im vierten Jahrhundert vor Christus gelebt hat. Sie sehen also, dass die Methode keineswegs eine von vielen neumodischen Coaching-Methoden ist, sondern ihren Ursprung in der Antike hat und sich somit über viele Jahrhunderte hinweg bewährt hat.

SOKRATES – DER ERSTE „COACH" DER WELT

Der Begriff des Coaches

Der Begriff des *Coaches* wird heutzutage bisweilen inflationär verwendet. In den sozialen Netzwerken wimmelt es nur so von angeblichen Coaches und Beratern, die uns vorgeblich helfen wollen, unser Leben zu verbessern. Doch auch, wenn unter diesen Coaches die eine oder andere zwielichtige Gestalt sein mag, gibt es dennoch Lebensbereiche, in denen ein *Coaching* sinnvoll sein kann. Dazu benötigt man jedoch den passenden Coach, also eine Person, die einen anleitet und einem die passenden Techniken und Tricks mit auf den Weg gibt. Dabei *löst* der Coach nicht im klassischen Sinne das Problem, sondern er hilft Ihnen vielmehr dabei, Ihr Problem eigenständig zu lösen.

Der wohl bekannteste Kontext, in dem der Begriff Coach verwendet wird, ist der Sport. Der Trainer oder *Coach* leitet seine Spieler an, er gibt ihnen eine Taktik mit auf den Weg oder zeigt einem Spieler auf, welche Schwächen er hat, und versucht, individuell mit ihm an diesen zu arbeiten. Dabei ist die Umsetzung allerdings den Spielern überlassen, denn der Coach spielt schließlich nicht selbst, sondern steht an der Seitenlinie und greift gegebenenfalls korrigierend ein. Die Umsetzung der erlernten Techniken und Taktiken obliegt gänzlich den Spielern. Ebenso ist es auch mit Mental- oder Business-Coaches; letztlich liegt es an uns, die gelernten Tricks und Kniffe zum besseren Umgang mit Stress oder zur Gründung eines Start-ups umzusetzen. Der Coach vermittelt uns lediglich die Grundlagen hierfür.

Letzteres gilt auch für dieses Buch. Wenn Sie die folgenden Kapitel lesen, können Sie diese wie ein *Coaching* begreifen. Sie erhalten eine Menge wertvoller Praxistipps und Anleitungen zur Erlernung des Sokratischen Dialogs und werden darüber hinaus erfahren, wie dessen Anwendung Ihnen im Alltag behilflich sein kann. Die *Umsetzung* des Erlernten obliegt allerdings Ihnen.

Sokrates als „Coach"

Warum also können wir Sokrates als „Coach" bezeichnen? Sicherlich ist der Begriff hier in Anführungszeichen zu setzen, denn Sokrates war schließlich weder Fußballtrainer oder Anlageberater noch Mentaltrainer. Doch auch er verstand sich in seiner Philosophie vor allem als Stichwortgeber, als einer, der sein Publikum dazu anregen wollte, selbst zu denken. Sokrates predigte nicht von der sprichwörtlichen Kanzel herab, sondern er suchte den Dialog zu seinen Schülern, die durch das Austauschen von Argumenten und die Entwicklung von Gegenargumenten zu einer eigenständigen Denkstruktur finden sollten. Sokrates leitete seine Schüler sozusagen dazu an, selbst zu denken und die Stichworte oder Fragestellungen, die er ihnen vorgab, eigenständig zu durchdenken.

Für Sokrates stand zudem die Selbsterkenntnis eines jeden Individuums im Fokus. Der Spruch des Orakels von Delphi, *„Erkenne dich selbst"*, kann als ein zentraler Bestandteil der Sokratischen Philosophie betrachtet werden. Durch ständiges Nachfragen und ständiges Reflektieren der eigenen Position soll beim Fragenden eine tiefere Erkenntnis des Selbst entstehen. Denn nur, wer sich selbst reflektiert, kann auch über andere oder über Phänomene urteilen, die außerhalb der eigenen Person stehen.

Eine zentrale Rolle kommt in diesem Prozess der Reflexion und des Erkenntnisgewinns dem *Lehrer* zu. Laut Sokrates ist jeder Mensch zu einer tieferen Einsicht fähig, es gibt also keine Menschen, die zu dumm oder zu ungebildet sind, um zu reflektieren – jeder trägt das dazu vorhandene Wissen bereits in sich. Die Aufgabe des Lehrers ist es, dieses Wissen hervorzubringen, ähnlich wie bei einer Geburt. Daher wird die Lehre des Sokrates auch als *Mäeutik* bezeichnet, was wörtlich übersetzt *Hebammenkunst* bedeutet. Die Aufgabe des Lehrers ist es also, das Wissen, welches in den Schülern schlummert, fachgerecht und behutsam auf die Welt zu bringen, ebenso wie es die Aufgabe der Hebamme ist, das im Mutterleib schlummernde Kind behutsam auf die Welt zu bringen (Erler, 2007).

ⓘ

Information: Mäeutik

Die Mäeutik oder auch *Hebammenkunst* bezeichnet die auf Sokrates zurückgehende Art der Gesprächsführung, bei der mithilfe eines Dialogs eine Erkenntnis „zur Welt gebracht" wird. Angeblich wurde der Begriff sogar von Sokrates' Mutter inspiriert, die selbst als Hebamme tätig gewesen ist, ebenso denkbar ist jedoch, dass Platon den Begriff erfunden und im Nachhinein Sokrates zugeschrieben hat. Sokrates grenzte seine Art des Dialogs, bei dem ein Gesprächspartner mit Fragen und Anmerkungen versucht, die bereits vorhandene Erkenntnis im anderen Gesprächspartner zu stimulieren und so *auf die Welt zu bringen*, mit dem Begriff der Mäeutik von der klassischen Form der Wissensvermittlung ab. Damals wie heute wurde in Schulen und Universitäten hauptsächlich *doziert*, es gab also einen Lehrer (Dozenten), der das Wissen vortrug und so an die Lehrenden vermittelte. Die Mäeutik hingegen setzt auf das bereits vorhandene Potenzial im Menschen und sieht die Gesprächspartner auf Augenhöhe, was bei einem klassischen Lehrer-Schüler-Verhältnis nicht der Fall ist.

Diese Idee erfuhr über die Jahrhunderte hinweg eine breite Rezeption. So beschäftigte sich zum Beispiel Montaigne im 16. Jahrhundert intensiv mit Sokrates. Besonders im Zuge der Aufklärung, bei der die Mündigkeit des Bürgers und die Potenziale des Einzelnen wieder vermehrt im Zentrum der philosophischen Diskussion standen, wurde die Mäeutik sehr häufig zitiert. Kant etwa empfahl für die Vermittlung ethischer Grundsätze eine *dialogische* Art der Lehre. Im 19. Jahrhundert verhalf der dänische Philosoph Sören Kierkegaard der Mäeutik zu einer weiteren Blüte, als er in seinem Aufsatz *Werke der Liebe* die christliche Vorstellung von Liebe als mäeutisch bezeichnete und damit eine Kontroverse in Gelehrtenkreisen anstieß. Auch im 20. Jahrhundert gab es Wissenschaftler, die den Sokratischen Dialog und die Mäeutik rezipierten und weiterentwickelten, etwa die Philosophen Leonard Nelson und Gustav Heckmann, die das sogenannte Sokratische Gespräch als Methode der Erwachsenenbildung etablierten (Wöhrmann, 1983).

In der modernen Pädagogik wird bisweilen die starke Steuerungsfunktion kritisiert, die dem Lehrenden, also dem Fragesteller, zukommt. Kreativität und Eigeninitiative der Lernenden könnten so gehemmt werden. Dies gilt jedoch auf andere Weise ebenso für den Frontalunterricht, weshalb heutige Pädagogen häufig Teile der Sokratischen Lehrweise in ihre Arbeit einfließen lassen und sie mit anderen Methoden kombinieren (Bühler, Negative Pädagogik. Sokrates und die Geschichte des Lernens, 2012).

Dabei bedient sich der Lehrer der Methode der Fragestellung. Die richtige Fragestellung gibt den entsprechenden Impuls, um das Wissen im Schüler zu wecken. Durch das Nachdenken über und die Beantwortung der Frage wird das Vorwissen aktiviert und strukturiert. Plötzlich erkennt der Schüler, dass die richtige Antwort und die tiefere Erkenntnis bereits die ganze Zeit in ihm geschlummert haben. So wird Sokrates zum Beispiel das treffende Zitat „Lernen besteht aus einem Erinnern von Informationen, die bereits seit Generationen in der Seele des Menschen wohnen" zugeschrieben (Bühler, Die Verwirrung des Bewusstseins in sich. Sokrates und die Geschichte der Pädagogik, 2005). Es geht also nicht darum, neue Informationen aufzunehmen, sondern die Informationen zu (re)aktivieren, die bereits in uns schlummern, aber noch nicht strukturiert gedacht beziehungsweise artikuliert wurden.

Somit sind das Menschenbild und die Absicht von Sokrates ähnlich denen eines heutigen Coaches. Auch der Coach geht schließlich davon aus, dass in jedem Spieler oder jedem Klienten, den er anleitet, die entsprechenden Anlagen vorhanden sind. Andererseits könnte man das Coaching als Zeitverschwendung ansehen, denn jemandem ohne Anlagen kann man auch nichts beibringen. Auch die Absicht, eine Anleitung zu geben, entspricht der eines Coaches. Da zuvor kein Gelehrter die Mäeutik praktizierte oder an deren Grundsätze glaubte, kann man Sokrates mit Fug und Recht als den ersten *Coach* der Weltgeschichte bezeichnen. Noch heute können wir von seiner Lektüre lernen, wie man sich einer großen Erkenntnis durch Fragen und Hinterfragen nähert und wie man eigenständige Gedankengänge entwickeln, vertiefen und verknüpfen kann. All diese Eigenschaften helfen uns im Alltag und spielen auch bei der Ausführung des Sokratischen Dialogs eine entscheidende Rolle.

Im Folgenden werden wir nun betrachten, was der Sokratische Dialog genau ist und wie wir ihn anwenden, um eine tiefere Erkenntnis im besten sokratischen Sinne zu gewinnen.

Biographie: Sokrates (* 469 v. Chr., ✝ 399 v. Chr. in Athen) war ein griechischer Denker, der heute der Philosophie zugerechnet wird. Die akademische Philosophie, wie wir sie heute kennen, wurde als Begriff erst später geprägt, jedoch von Sokrates maßgeblich mit beeinflusst. Den Großteil seines Lebens verbrachte er in seiner Geburtsstadt Athen, wo er in der von ihm ins Leben gerufenen *Akademie* viele weitere, als bedeutend angesehene Philosophen, wie etwa Platon oder Xenophon, unterrichtete.

Eben jener Platon ist zugleich auch die wichtigste Quelle, die wir heute in Bezug auf Sokrates heranziehen können. Er selbst hinterließ keinerlei schriftliche Aufzeichnungen, weshalb seine Biographie schwer zu rekonstruieren ist. Laut Platons *Dialogen* wurde Sokrates im Jahr 399 v. Chr. im Alter von 70 Jahren hingerichtet, woraus sich das Geburtsjahr 469 v. Chr. rekonstruieren lässt. Zum Tode verurteilt wurde der Denker aus recht diffusen Gründen, wie „Ablehnung der staatlich anerkannten Gottheiten" oder „Verführung der Jugend". Tatsächlich scheinen viele Thesen Sokrates' politisch nicht opportun gewesen zu sein, weshalb die Machthaber in Athen sich seiner entledigten.

Zu seinen Lebzeiten revolutionierte er allerdings die Denkweise vieler Zeitgenossen und er wird bis heute als eine der, wenn nicht als *die* zentrale Figur der antiken Philosophie angesehen. Als Erster stellte er zum Beispiel menschliche Bedürfnisse und Moralvorstellungen in das Zentrum seiner Überlegungen. Die Philosophie orientierte sich also nicht mehr nur an der Betrachtung natürlicher oder göttlicher Phänomene, sondern vor allem am Menschen als Subjekt. Weitere Fragen, die ihn umtrieben, waren die politische Philosophie, zum Beispiel die Konstitution der *Polis* oder die Herausbildung von Rechtsnormen, aber auch eine kritische Reflexion von Sprache und Rhetorik sowie tradierter Erzählungen und Mythen. Insbesondere die *Polis* interessierte Sokrates – der Begriff beschreibt nicht nur die antike griechische Stadt, sondern auch die Konstitution der Gesellschaft, die in der Stadt lebte. Das Zusammenleben der verschiedenen Stände, der Handel mit anderen Städten, die Organisation von Familien und Hausgemeinschaften, all das wurde unter dem Begriff der *Polis* diskutiert, insbesondere, da diese Verflechtung aus Stadtorganisation, Gesellschaft, Politik, Ökonomie und Recht einzigartig in der antiken Welt und zunächst auch einzigartig im Mittelmeerraum war, bis andere Königreiche die Idee der Polis teilweise adaptierten (vgl. Hansen, 2006).

All diese Themen sind bis heute von zentraler Bedeutung für Geistes- und Sozialwissenschaften und verdanken ihre grundsätzliche Betrachtungsweise vor allem der Pionierarbeit von Sokrates (Döring, 1998).

WAS IST DER SOKRATISCHE DIALOG?

Definition:

Kurz gesagt ist der Sokratische Dialog eine Methode zur Gesprächsführung, bei der ein Dialogpartner durch gezielte Fragen sein Gegenüber erkennen lässt, dass dieser falsche Annahmen trifft, Denk- und Logikfehler begeht oder über Scheinwissen verfügt.

Der Fragende nimmt dabei (in Anlehnung an Sokrates – „Ich weiß, dass ich nicht weiß“) die Rolle eines Nicht-Wissenden ein. Er stellt bloß Fragen, die auf den ersten Blick keinerlei Implikation haben, sondern das Gegenüber lediglich zum Denken anregen sollen.

So führt der Fragesteller seinen Dialogpartner zu der Erkenntnis, dass er die Fragen nicht in vollem Umfang beantworten kann und somit neu über die Fragestellung nachdenken muss. Es handelt sich also um eine Methode zur Anregung von *Selbstreflexion* und *Selbsterkenntnis*.

Wie der Name bereits verrät, handelt es sich beim Sokratischen *Dialog* (dia = zwei; logos = Wort; Gespräch) stets um ein *Zwiegespräch*. Der Patient und der Therapeut sprechen zu zweit und ohne die Anwesenheit anderer Patienten miteinander. Das Sokratische *Gespräch* – ebenfalls eine Methode der Verhaltenstherapie – ist hingegen ein Gruppengespräch, das vom Therapeuten wie von einem Moderator geführt wird. Auch diese Methode kann den Patienten helfen, wir möchten uns jedoch in diesem Buch ausschließlich auf den Dialog, also das Zwiegespräch, konzentrieren.

ⓘ

Information: Verhaltenstherapie

Die Verhaltenstherapie ist eine besondere Form der Psychotherapie. Genau wie in der klassischen Psychotherapie liegt ihr die Annahme zugrunde, dass *Konditionierung* ein wesentlicher Treiber des menschlichen Verhaltens ist. Konditionierung wiederum bedeutet, dass auf einen bestimmten Reiz eine bestimmte Reaktion folgt. Auf die unbedachte Handlung (*Reiz*) eines Ehepartners folgt also die wütende *Reaktion* des anderen. Der russische Mediziner Iwan Pawlow gilt als Pionier auf diesem Gebiet. Er experimentierte mit seinem Hund, denn jedes Mal, bevor er ihn fütterte, klingelte er zuvor mit einer Glocke. Nach einiger Zeit stellte Pawlow fest, dass dem Hund bereits der Speichel im Mund zusammenfloss, wenn er nur mit der Glocke klingelte, selbst dann, wenn er das Futter noch gar nicht geöffnet oder „serviert" hatte. Der Hund hatte also gelernt, dass nach dem Klingeln der Glocke (Reiz) Futter gebracht wird, was zum Speichelfluss (Reaktion) führte.

Es geht in der Verhaltenstherapie, passend zum Ansatz des Sokratischen Dialogs, darum, dem Patienten das Rüstzeug mit auf den Weg zu geben, mit dem er sich selbst helfen kann. Es handelt sich also ebenfalls um *Hilfe zur Selbsthilfe*. Basierend auf dem Konzept der Konditionierung geht man davon aus, dass negative Verhaltensmuster erlernt sind, der Patient wurde entsprechend *konditioniert*. Dieser Prozess sei jedoch auch umkehrbar, man könne die negativen Denkmuster auch wieder verlernen, so der Ansatz. Hierbei soll der Verhaltenstherapeut unterstützen. Anwendungsbereiche sind z. B. die Paar- oder Familientherapie sowie die Gruppentherapie. Auch individuelle Therapieansätze können verhaltenstherapeutisch sein, doch meist werden zwischenmenschliche Konflikte (wie beeinflusst das Verhalten des einen den anderen?) mit verhaltenstherapeutischen Methoden behandelt. Ziel ist es dabei, die genannten Verhaltensmuster zu verstehen und zu durchbrechen. Der Sokratische Dialog eignet sich insbesondere für den Teil des Verstehens und Hinterfragens der Verhaltensmuster und kann daher als eine Methode im Repertoire der Verhaltenstherapie angesehen werden (Batra, 2013).

Obgleich die Methode des Sokratischen Dialogs aus der Antike herrührt, ist sie auch heute noch aktuell und daher keineswegs als verstaubt oder altmodisch zu bezeichnen. In unserer heutigen Zeit geht es jedoch weniger um den Gewinn fundamentaler philosophischer Erkenntnis als vielmehr um die Anwendung der sokratischen Methode auf konkrete Probleme des Alltags. Vor allen Dingen Probleme im beruflichen oder Beziehungskontext können mit Hilfe eines Sokratischen Dialogs besprochen werden.

Der Sokratische Dialog als Lösung für Alltagsprobleme

Berufliche Probleme sind oft entweder von Denkblockaden geprägt, die uns daran hindern, bestimmte Problemstellungen zu erkennen und Lösungen zu finden, oder aber das zwischenmenschliche Verhältnis von Arbeitskollegen untereinander ist gestört. In beiden Fällen hilft die Herangehensweise des Hinterfragens und Reflektierens der eigenen Denkweise; vielleicht gibt es alte Glaubenssätze, die uns daran hindern, lösungsorientiert zu arbeiten. Wir denken, dass es ohnehin keine Lösung gibt, oder wir wagen uns nicht, überkommene Arbeitsstrukturen zu durchbrechen, weil wir sie gewohnt sind und wir uns keine grundlegenden Innovationsmöglichkeiten vorstellen können. Doch nur, weil Sie es zum Beispiel gewohnt sind, mit Papierakten oder mit veralteter Software zu arbeiten, heißt es nicht, dass man dieses Problem nicht angehen sollte. Machen Sie sich klar, welche Strukturen Sie im Arbeitsalltag daran hindern, produktiv zu sein und die Ihnen übertragenen Aufgaben bestmöglich auszufüllen. Sowohl als Mitarbeiter als auch als Unternehmer kann diese Fragestellung Sie weiter bringen. Als Mitarbeiter können Sie zwar nicht direkt alle Erkenntnisse anwenden, Sie können sie aber wesentlich strukturierter und überzeugender bei Ihrem Vorgesetzten ansprechen.

Ähnlich verhält es sich bei den zwischenmenschlichen Beziehungen. Diese können im Kontext der Arbeit, des Freundes- und Bekanntenkreises oder der Paarbeziehung stehen. Oftmals laufen soziale Konflikte zwischen zwei Personen, unabhängig davon, ob sie sich ein Büro oder ein Schlafzimmer teilen, nach einem bestimmten Schema ab. Person A tut oder unterlässt etwas, worauf Person B wütend reagiert. Person A reagiert wiederum wütend auf diese Reaktion und derselbe Konflikt wird in Bezug auf unterschiedliche Themen immer wieder aufs Neue ausgefochten. Nehmen wir ein Beispiel aus der Arbeitswelt: Die Kollegen A und B sitzen zusammen in einem Büro; A ist von seinem Naturell her leicht unruhig und neigt dazu, entweder mit einem Kugelschreiber zu klicken oder mit den Fingern leicht, aber hörbar auf den Schreibtisch zu klopfen. B benötigt für seine Arbeit Ruhe und Konzentration und ist entnervt von As Unruhe. Anstatt ihm jedoch den eigenen Standpunkt zu erläutern und ihn zu bitten, das Klopfen oder Klicken zu reduzieren oder zu unterlassen, entwickelt B eine unterschwellige Abneigung gegen A, die dazu führt, dass beide nicht zusammenarbeiten können. In einem Sokratischen Dialog könnte der Therapeut also zunächst fragen, was B an A stört. Unter Umständen ist B der eigentliche Grund gar nicht bewusst, da sich der Konflikt auf der Ebene des Unbewussten abspielt.

Therapeut: Sie sagen, Sie können nicht mit Ihrem Kollegen B zusammenarbeiten? Warum?

B: Ich weiß es auch nicht, er ist einfach unerträglich.

T: Was an ihm ist unerträglich?

B: Auch das ist schwer zu sagen, so ist er ja ganz nett, wenn man mal einen Kaffee mit ihm trinkt. Er tut nichts Schlimmes, aber man kann nicht mit ihm zusammenarbeiten.

T: Das Problem ist also nicht auf der menschlichen, sondern auf der fachlichen Ebene?

B: Er weiß schon, was er tut. Aber ich werde wahnsinnig, wenn ich länger als eine Stunde mit ihm in einem Büro sitzen muss.

T: Warum werden Sie wahnsinnig?

B: Alleine wie er da sitzt, immer etwas in der Hand, immer spielt er mit einem Stift oder macht irgendwelche Geräusche. Er kann keine Minute stillsitzen, unerträglich sowas.

Wie alle Beispieldialoge in diesem Buch ist auch dieser Dialog etwas verkürzt und sehr schematisch dargestellt. Es geht in diesen Beispielen jedoch nicht primär um ein authentisches Gespräch, sondern darum, die Grundidee und Durchführung eines Sokratischen Dialogs zu verdeutlichen.

Ähnliche Konflikte können wir indes in Paarbeziehungen erleben. Auch hier gibt es beinahe schon choreographierte Konfliktsituationen, die sich immer wiederholen. Zum Beispiel, wenn der Mann die Kaffeetasse immer auf dem Couchtisch stehen lässt und die Frau sie wegräumen muss. Oberflächlich scheint es bedeutungslos zu sein, wer die Tasse wegräumt, denn weder ist die Tasse schwer noch ist der Weg vom Couchtisch zur Spülmaschine weit. Daher zeigt der Mann kein Verständnis für den Ärger der Frau, was diese noch wütender macht. Mithilfe des Sokratischen Dialogs können beide ihre Verhaltensweisen überdenken und reflektieren. Der Therapeut fragt sich, ähnlich wie im oben genannten Beispiel, zum Kern des Problems durch. Es stellt sich heraus, dass nicht die Kaffeetasse an sich das Problem ist, sondern dass die Frau generell der Meinung ist, dass der Mann zu unordentlich sei und zu wenig im Haushalt mache. Während sie nach ihrer Arbeit noch den Haushalt organisieren müsse, lege er sich aufs Sofa und kümmere sich um nichts. Daher fühlt sie sich nicht ausreichend wertgeschätzt und ist gekränkt vom „Macho-Verhalten" ihres Partners, der wiederum nun versteht, dass sie nicht, wie er immer sagte, „so einen Aufstand wegen einer dämlichen Kaffeetasse" mache, sondern dass es um die dahinterliegende Struktur geht.

Therapeutische Anwendung

Auch in der *Verhaltens-* und *Psychotherapie* wird der Sokratische Dialog heute noch angewendet. Es geht dabei in erster Linie um das Hinterfragen von Denkstrukturen des Patienten, die ihn im Alltag behindern oder belasten. Der Therapeut versucht mit grundsätzlichen Fragen, das Denkmuster seines Patienten zu erschüttern und diesen in den Modus der Reflexion zu versetzen. Nehmen wir ein simples Beispiel zum besseren Verständnis, bevor wir im weiteren Verlauf des Textes differenziertere Beispiele betrachten werden.

Stellen wir uns vor, der Patient sieht alles negativ und behauptet dem Therapeuten gegenüber steif und fest, dass es keine Hoffnung und keine fröhlichen Momente mehr in seinem Leben gebe. Der Therapeut widerspricht dem Patienten nicht, sondern hinterfragt lediglich: „Ist das tatsächlich so? Sind Sie sich da sicher? Denken Sie doch noch einmal darüber nach." Der Vorteil am Hinterfragen der vom Patienten geäußerten Ansichten ist, dass er selbst dazu gezwungen wird, über die ihm gestellten Fragen nachzudenken. Würde der Therapeut explizit widersprechen, indem er etwa sagt, „Das stimmt doch nicht ganz. Sie haben einen gut bezahlten Job / eine schöne Wohnung / nette Nachbarn etc.", könnte dies zu einer Abwehrhaltung beim Patienten führen, getreu dem Motto „Er versteht mich sowieso nicht" oder „Er weiß nicht, wie es in mir aussieht".

Gemäß dem Ansatz von Sokrates schlummert die Erkenntnis bereits im Patienten und wartet nur darauf, aktiviert zu werden. Der Patient weiß also eigentlich bereits, dass nicht *alles* in seinem Leben schlecht ist und dass es durchaus Gründe gibt, optimistisch zu sein. Durch die Nachfrage und Aufforderung des Therapeuten beginnt der Patient, zu reflektieren: „Stimmt, es gibt doch einen Grund zur Hoffnung, nämlich zum Beispiel die Beförderung in meinem Job. Dort werde ich gebraucht und anerkannt."

Natürlich ist diese Darstellung vereinfacht, sie dient lediglich dem besseren Grundverständnis der sokratischen Methode. Besonders häufig wird diese bei Patienten angewendet, die unter depressiven Störungen leiden. Diese Patienten sind besonders anfällig für negative Gedankenspiralen, aus denen sie nur schwer eigenständig herauskommen. Oftmals werden depressive Verstimmungen wie ein Hamsterrad beschrieben, das sich immer weiter dreht und aus dem es (gefühlt) kein Entkommen gibt. Der Therapeut *dekonstruiert* durch seine einfachen, fast naiv anmutenden Fragen diese zwanghaft negativen Gedanken und deckt Unstimmigkeiten oder logische Fehler in der Denkweise des Patienten auf. Dieser gelangt so zu einer *Erkenntnis* – nämlich, dass die Gedanken, die ihn quälen, keine absoluten Wahrheiten repräsentieren, sondern dass sie unter Umständen gar auf falschen Annahmen beruhen. Die Hoffnung des Therapeuten ist es, dass der Patient durch diese Erkenntnis die negativen Gedanken teilweise loslassen oder verwerfen kann, womit der Ausbruch aus dem sinnbildlichen Hamsterrad gelungen wäre (Koentges, 2017).

AUSBLICK: POTENZIALE UND ANWENDUNGSGEBIETE

Der Sokratische Dialog kann im Alltag eines jeden Menschen angewandt werden, schließlich hat vermutlich jeder von uns manchmal mit einer verzerrten Wahrnehmung zu tun, die Probleme größer erscheinen lassen, als sie eigentlich sind. Fundierter Widerspruch hat noch niemandem geschadet, um unsere eigenen Überzeugungen und Glaubenssätze zu überdenken. Die größte Stärke des Sokratischen Dialogs ist jedoch ohne Zweifel dessen Einsatzmöglichkeit in der Psychotherapie. Psychisch erkrankten Menschen kann mit den Techniken und Methoden des Sokratischen Dialogs geholfen werden. Doch welche Potenziale sind es genau, die der Sokratische Dialog freisetzt, und wie wirken sich diese auf die psychische Konstitution eines Dialogpartners aus?

Übernahme von Verantwortung für sich selbst:

Der Satz *„Erkenne dich selbst"* geht über eine rein physische Erkenntnis des Selbst hinaus. Nur, weil wir unser Spiegelbild erkennen oder uns wiedererkennen, wenn wir alte Familienfotos betrachten, bedeutet dies noch nicht, dass wir tatsächlich eine tiefere Erkenntnis über uns selbst gewonnen haben. Die Erkenntnis unseres Selbst bedeutet letzten Endes gerade das Erkennen der inneren, nicht für jeden offensichtlichen Züge unserer Persönlichkeit. Indem wir uns selbst erkennen, übernehmen wir gleichzeitig auch *Verantwortung* für unser Handeln und Denken. Wenn Sie zum Beispiel egoistische Züge an sich erkennen, übernehmen Sie gleichzeitig eine Verantwortung dafür, dass Sie egoistisch handeln. Sie versuchen nicht, die äußeren Umstände, das Wirtschaftssystem oder die Gesellschaft, die genauso egoistisch sei, für Ihre Handlungen verantwortlich zu machen, sondern Sie erkennen, dass es Ihr eigener Egoismus ist, der Sie zum Beispiel zu Notlügen verleitet, weil Sie keine Zeit oder Lust haben, einem Bekannten beim Umzug zu helfen oder einen Arbeitskollegen bei seiner Arbeit zu unterstützen, sodass dieser vor dem gemeinsamen Chef besser dasteht. Umgekehrt können Sie jedoch auch Ihre eigene Verletzlichkeit erkennen und sich so zum Beispiel eingestehen, dass Sie sensibler sind als andere und deshalb mehr Zuspruch oder Zuneigung von Ihrem Umfeld benötigen, sei es von der Familie, dem Partner oder der Führungsperson.

Auch in diesem Fall erkennen Sie, dass sich in Ihrem Alltag etwas ändern muss und dass Sie diese Veränderung forcieren bzw. einfordern müssen. Wenn Sie merken, dass Sie sich verletzlich fühlen, ist es Ihre Verantwortung Ihnen selbst gegenüber, dies zu kommunizieren. „Ich brauche etwas Ruhe/Zeit für mich", „Ich kann gerade nicht alles auf einmal erledigen" und „Ich brauche Zuneigung" (im familiären oder Beziehungskontext) sind legitime Forderungen, die Sie jederzeit stellen können, wenn Sie das Gefühl haben, dass diese Ihre Bedürfnisse befriedigen und Sie glücklich(er) machen können. Ihre Verantwortung ist es, sich nicht hinter anderen zu verstecken und in den negativen Gedanken zu verlieren, wie grausam man zu Ihnen ist oder dass Sie zu wenig Anerkennung erfahren. Artikulieren Sie stattdessen Ihre Bedürfnisse und übernehmen Sie so Verantwortung für sich selbst! Der Sokratische Dialog kann Ihnen dabei helfen, Ihre eigenen Bedürfnisse besser zu erkennen und Sie aus der negativen Gedankenspirale zu befreien, dass Ihr „kaltes", „grausames" Umfeld die Verantwortung trägt. Durch eine gezielte Frage des Therapeuten, etwa, „Haben Sie nicht auch eine eigene Verantwortung in diesen Situationen?", kann ein Reflexionsprozess diesbezüglich in Gang gesetzt werden.

Entwicklung eigener Ziele und Lebensinhalte:

Vielleicht kennen Sie das Gefühl: Formal betrachtet führen Sie alles andere als ein schlechtes Leben. Sie haben einen Beruf, vielleicht sogar eine Familie, ein Dach über dem Kopf – und genügend zu essen haben Sie ohnehin. Und dennoch fühlen Sie sich nicht *erfüllt*. Es gibt etwas in Ihnen, das nach mehr verlangt, nämlich nach einem Sinn, nach einer tieferen Bedeutung, oder kurz gesagt: nach einem Lebens*inhalt*. Nicht alle Menschen sehnen sich nach einer tieferen Bedeutung, manch einer fühlt sich in einem monotonen Alltag sogar überaus wohl; wenn Sie allerdings zu denjenigen gehören, die eine bloße bürgerliche Existenz nicht als ausreichend sinnstiftend betrachten, werden Sie sich bereits des Öfteren auf die Suche nach dem tieferen Sinn begeben haben. Doch welche sind eigentlich *Ihre* ureigenen Interessen? Was bedeutet für *Sie* ein echter Lebensinhalt? Oftmals sind wir unbewusst geprägt von äußeren Einflüssen, wie zum Beispiel von Werbung, Filmen und Serien oder von unserem Umfeld. Die Werbung vermittelt uns, dass das Tragen einer bestimmten Uhr, das Fahren eines bestimmten Autos oder der Besitz bestimmter Elektronikartikel uns attraktiv, frei und selbstbestimmt machen. Selbst bei Zigaretten hat es die Werbeindustrie jahrelang geschafft, uns einzureden, diese stünden für Freiheit. Aber auch Kinofilme oder Serien können diese Funktion erfüllen.

Wir wissen, dass wir nicht wie James Bond sein können, aber wir können zumindest die gleiche Uhr oder den gleichen Anzug tragen wie er. Im 21. Jahrhundert haben die sozialen Medien zudem die klassischen Kino-Helden abgelöst bzw. ergänzt. Viele junge Menschen eifern heute nicht mehr James Bond nach, sondern einem Influencer, der das irrige Bild vermittelt, jeder könne das schaffen, was er geschafft habe, und er sei im Grunde immer noch *einer wie du und ich* (Schmitt & Nymoen, 2021). Zu guter Letzt gibt es das eigene Umfeld, die Familie und Freunde, die gewisse Werte vorleben und an denen wir uns (bewusst oder unbewusst) orientieren. Wir übernehmen diese Werte und halten Sie für unsere eigenen. Doch wollen wir wirklich das Haus in der Vorstadt und zwei Kinder wie der ältere Bruder? Wollen wir wirklich einfach bloß *besitzen*, wie der Influencer, dem wir täglich auf Instagram folgen? Der Sozialpsychologe Erich Fromm unterscheidet in seinem Werk *Haben oder Sein* zwischen dem Zustand des *Habens* (Besitz, materielle Güter, Verfügbarmachen der Welt) und dem Zustand des *Seins* (Überlegungen, ideelle und spirituelle Werte, Handlungen). Die meisten tieferen Bedürfnisse des Menschen seien aus der Sphäre des Seins, argumentiert Fromm, auch wenn die moderne Industriegesellschaft uns das Gegenteil glauben machen wolle (Fromm, 1976). Mithilfe des Sokratischen Dialogs können Sie herausfinden, welche tieferen Bedürfnisse Sie wirklich haben. Der Dialogpartner fragt zum Beispiel:

- „Sind Sie sich sicher, dass Sie das wirklich wollen?"
- „Ist das nicht bloß eine Projektion?"
- „Woher kommt dieser Wunsch, können Sie sich das erklären?"
- „Hören Sie in sich hinein. Haben Sie immer noch denselben Gedanken?"

Durch diese Fragen werden Sie erneut zur Selbstreflexion aufgefordert und erkennen unter Umständen beim Hineinhören in sich selbst, dass viele Wünsche, die Sie für Ihre eigenen gehalten haben, in Wahrheit durch äußere Einflüsse zustande kamen. Sie haben nun die Gelegenheit, in sich hineinzuhören und zu ergründen, welche Ziele Sie selbst für Ihr Leben haben. Vielleicht ist es das Haus im Grünen, vielleicht ist es auch der Oldtimer in der Garage, vielleicht aber auch bloß ein Beruf, der Sie inhaltlich erfüllt – oder vielleicht möchten Sie bestimmte Orte auf der Welt sehen und daher am liebsten eine Weltreise machen. Sie werden nun besser definieren können, welche Inhalte Ihr Leben wirklich erfüllen und welche Ziele Sie ernsthaft verfolgen und welche Sie vernachlässigen sollten.

Selbstbestimmung des Klienten:

All diese Punkte, die wir bisher erörtert haben, fördern Ihre Selbstbestimmung. Wenn Sie den Zielen und Inhalten folgen, die andere Ihnen vorgeben, seien es im direkten Umfeld oder medial produzierte Inhalte, sind Sie *fremdbestimmt*. Sie folgen den Idealen anderer Menschen und halten diese für Ihre eigenen. Wenn Sie diese Erkenntnis erlangen, ist der erste Schritt in Richtung *Selbstbestimmung* getan. Machen Sie sich frei von falschen Vorstellungen und Idealen und folgen Sie Ihren eigenen Prinzipien. Ein guter Dialogpartner wird Ihnen mit den Methoden des Sokratischen Dialogs dabei helfen, Ihre eigenen Ziele zu erkennen, und im besten Falle sogar Handlungsvorschläge mit auf den Weg geben.

- „Und wie könnten Sie diese Ziele erreichen?"
- „Was müssten Sie tun, damit ...?"

Durch derartige Fragen werden Sie zum eigenständigen Nachdenken über diese Fragestellungen angeregt und können selbstbestimmt und ohne externe Einflüsse über eine Verbesserung Ihrer Situation nachdenken. Denn wie der Volksmund weiß: Einsicht ist der erste Weg zur Besserung oder in unserem Falle zur Selbstbestimmung.

Förderung selbstständigen Denkens:

In der Info-Box zum Thema Mäeutik wurde bereits kurz auf Immanuel Kants dialogische Form der Vermittlung von Ethik eingegangen. Über die Grenzen der akademischen Philosophie hinaus ist Kant vor allem berühmt für den Satz: *„Habe Mut, dich deines eigenen Verstandes zu bedienen."* Was heute als Konsens angesehen werden kann, war in einer Zeit, als ganz Europa noch von Monarchen, Fürsten oder Klerikern regiert wurde, ein revolutionärer Ausspruch. Doch er stimmt auch heute noch genauso wie zu Lebzeiten Kants. Es ist von essentieller Bedeutung, dass wir selbstständig denken, dass wir eigene Schlüsse ziehen und eigene Meinungen herausbilden. Ansonsten bleiben wir ebenfalls *fremdbestimmt*. Nehmen wir beispielsweise den Konsum von Medien. Wenn wir nicht in der Lage sind, selbstständig zu denken, werden wir stets die Meinung replizieren, die wir der medialen Berichterstattung entnehmen. Dies kann zu zwei Extremen führen. Wenn wir klassischen Medien intuitiv vertrauen und der Meinung sind, diese berichten weitestgehend seriös und neutral, werden wir ohne selbstständiges Denken immer bloß wiedergeben, was wir in der Tagesschau gesehen oder im SPIEGEL gelesen haben.

Diese Haltung führt jedoch dazu, dass zum Beispiel der ehemalige SPIEGEL-Reporter Relotius über Jahre hinweg mehr oder weniger erfundene Reportagen veröffentlichen konnte und hierfür sogar mit Journalistenpreisen bedacht wurde. Es fehlte die kritische Reflexion, die zu einem Hinterfragen dieser teils drehbuchhaft aufgebauten Reportagen geführt hätte, getreu dem Motto: *Wenn es im SPIEGEL steht, wird es schon stimmen*. Das andere Extrem träte auf, wenn wir intuitiv Misstrauen gegenüber den etablierten Medienhäusern verspürten. In diesem Fall glauben wir also nicht, was in den sogenannten Leitmedien berichtet wird, sondern wenden uns alternativen Erzählungen zu. Ohne kritisches, eigenständiges Denken werden wir jedoch Verschwörungstheoretikern unseren unbedingten Glauben schenken. Auch hier wird undifferenziert einer anderen Instanz geglaubt, bloß weil sie nicht dem *Mainstream* angehört. Dass es allerdings weder Belege noch sinnvolle Gründe gibt, warum Bill Gates, einer der reichsten und wahrscheinlich auch einflussreichsten Menschen der Welt, eine Schutzimpfung dazu nutzen sollte, um dem Großteil der Menschen Mikrochips zu implantieren, wird an dieser Stelle ebenfalls nicht hinterfragt. Ohne die Förderung selbstständigen Denkens werden wir fremdbestimmt und geben undifferenzierte Meinungen anderer wieder, völlig gleich, aus welchem politischen Lager diese kommen mögen. Eine Stärke des Sokratischen Dialogs ist, dass er das selbstständige Denken stark fördert. Ein weiteres Beispiel: Die klassischen dozierenden Lehrer begreifen sich schließlich ebenfalls als Instanzen, welchen wir mehr oder weniger blind glauben. Wir gehen in aller Regel davon aus, dass ein Lehrer über einen größeren Wissensschatz verfügt als wir und dass seine Meinung daher fundierter ist als unsere. Doch unter Umständen ist dies, zumindest in Bezug auf gewisse Themen, nicht der Fall, denn auch ein Lehrer kann sogenannte blinde Flecken haben oder auf Denkfehler hineinfallen. Der Sokratische Dialogpartner hingegen doziert nicht, sondern begreift sich als Impulsgeber. Diese Impulse sorgen dafür, dass Sie selbst nachdenken müssen, Sie begeben sich selbst auf die Suche nach der passenden Antwort. Der Sokratische Dialog ist also eine Hilfe zur Selbsthilfe, getreu dem Spruch *„Hilf mir, es selbst zu tun."* (Selbst-)reflektiertes Denken ist die Grundvoraussetzung für das Gelingen des Sokratischen Dialogs. Und es hilft Ihnen auch außerhalb dessen für Ihr alltägliches Leben, indem der Sokratische Dialog Ihnen Erkenntnisse liefert und Methoden an die Hand gibt, die Ihnen in Ihrem Alltag eine enorme Hilfe sein können.

Festlegung eigener Werte und Normen:

Aus Selbstreflexion und eigenen Überlegungen entstehen automatisch eigene Normen und Werte. Stellen Sie sich vor, Sie reflektieren über die soziale Situation in Deutschland und lassen sich weder zu sehr von der medialen Berichterstattung noch von der Meinung Ihrer Freunde/Bekannten/Verwandten beeinflussen. Sie werden feststellen, dass Sie automatisch zu einer eigenen Einschätzung gelangen. Vielleicht gelangen Sie zu der Überzeugung, dass die soziale Ungleichheit ein Problem für unsere Gesellschaft darstellt, dass es ungerecht ist, wie die Vermögen in Deutschland verteilt sind. Vielleicht kommen Sie aber auch zu dem gegenteiligen Schluss, dass jeder seines Glückes Schmied ist und dass der Sozialstaat seine Funktionen auf ein Minimum begrenzen sollte. Im ersten Fall haben Sie für sich erkannt, dass Ihnen Werte wie Gerechtigkeit oder Gleichheit besonders wichtig sind, im zweiten Fall wäre es wohl die (nahezu) absolute Freiheit des Einzelnen, die Ihnen am Herzen liegt. In beiden Fällen haben Sie jedoch erkannt, dass es Normen und Werte gibt, die Sie verfolgen und nach denen Sie handeln. In diesem Beispiel handelt es sich um allgemeine und letztlich auch etwas abstrakte Ideen, denn Sie können die Sozialpolitik der Bundesregierung nur sehr bedingt beeinflussen. Auch in Ihrem unmittelbaren Alltag sind Werte und Normen jedoch entscheidend.

- Ist Ihnen zum Beispiel Treue in einer Beziehung besonders wichtig?
- Oder leben Sie das Ideal einer offenen, aufregenden Beziehung, in der ständig etwas Neues passieren muss?
- Sind Sie ein Mensch, für den Sparsamkeit und Enthaltsamkeit wichtige Werte darstellen, oder sind Sie ein Genussmensch mit Hang zum Hedonismus?

Das eigene Wertesystem zu erkennen, ist ein wesentlicher Bestandteil der Selbsterkenntnis und wird Ihnen im Alltag helfen, sich selbst besser zu verstehen. Wenn Sie diese Werte klar zu formulieren lernen, können Sie diese zudem klar nach außen kommunizieren, was ebenfalls ein großer Vorteil sein kann. Wenn Sie Ihrem Partner aufzeigen können, was Ihnen in einer Beziehung wichtig ist, werden Missverständnisse und damit auch Streite und Diskussionen vermieden. Wenn Sie selbst jedoch nicht wirklich wissen, welche Werte für Sie von Bedeutung sind, können Sie diese weder für sich selbst noch für andere formulieren. Ihr Dialogpartner im Sokratischen Dialog wird Sie mit Fragen dazu anregen, über Ihr eigenes Wertesystem nachzudenken und es zu reflektieren.

Etablierung neuer, zielführender Glaubenssätze und Überzeugungen:

Aus diesen Überzeugungen, Bedürfnissen und Werten, die Sie nun erkannt und formuliert haben, können Sie ein mehr oder minder festes *System* bilden. *Fest* sollte hierbei keinesfalls mit *geschlossen* verwechselt werden. Die Mauern einer Burg können schließlich fest sein, aber dennoch zugänglich für Neues, indem man die Zugbrücke herablässt und dem Neuen, dem Unbekannten, Zuritt gewährt. Doch die Mauern – um bei diesem Beispiel zu bleiben – können nach dem Prozess der ausführlichen Selbstreflexion durchaus errichtet werden. Sie haben nun, mithilfe des Sokratischen Dialogs, Ihre bisherigen Denkmuster hinterfragt und unter Umständen durchbrochen. Sie haben erkannt, welche Gedanken oder Wünsche nicht aus Ihnen heraus kommen, sondern von anderen beeinflusst wurden. Sie haben erkannt, welche Werte und Normen Sie haben und was Ihnen in Ihrem alltäglichen Leben wichtig ist. Etablieren Sie basierend auf diesen Erkenntnissen neue Glaubenssätze, die Sie durch den Alltag leiten können, und vergessen Sie die alten, negativ behafteten Glaubenssätze. Bleiben Sie dabei offen für Anregungen und Ergänzungen Ihres Wertesystems und Ihrer Glaubenssätze, lassen Sie sich jedoch nicht in Ihrem Grundüberzeugungen erschüttern. Neue Erkenntnisse können beispielsweise durch das Wiederholen des Sokratischen Dialogs auftauchen. Der Prozess des Hinterfragens ist grundsätzlich immer ein offener, *zirkulärer* Prozess. Sobald Sie eine Erkenntnis gewonnen haben, können Sie diese erneut hinterfragen und so gegebenenfalls zu weiteren Erkenntnissen gelangen.

ⓘ

Information: Der hermeneutische Zirkel

Den zirkulären Prozess eines Erkenntnisgewinns veranschaulicht der sogenannte *hermeneutische Zirkel*. Grob gesagt handelt es sich bei der Hermeneutik um die Wissenschaft des Verstehens. Der hermeneutische Zirkel beschreibt, dass mit einer gewonnenen Erkenntnis stets neue Fragen aufgeworfen werden. Wenn ich also zum Beispiel erkannt habe, dass ich einen grundsätzlichen Denkfehler begehe, ergibt sich daraus die Frage, *warum* ich ihn begehe. Wenn ich weiß, warum ich ihn begehe, muss ich mich fragen, wie ich daran arbeiten kann, ihn in Zukunft nicht mehr zu machen. Dafür muss ich wissen, in welchen Situationen ich den Denkfehler begehe. Wenn ich weiß, in welchen Situationen er vorkommt, muss ich wiederum hinterfragen, warum ausgerechnet in solchen Situationen der Fehler auftritt etc. Zwar muss man den Zirkel in der Praxis zwangsläufig irgendwann durchbrechen, um zu einem Ergebnis zu kommen, in der Theorie ist dieser jedoch unendlich. Im Sokratischen Dialog würden wir den Zirkel an dem Punkt verlassen, an dem der Klient seine Denkfehler erkannt hat und versteht, wie er diese in Zukunft vermeiden kann (vgl. Gadamer, 1960).

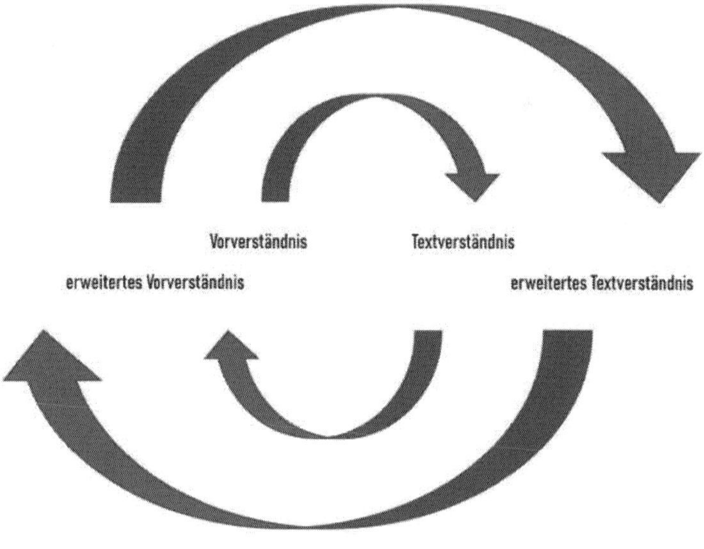

Halten wir also zum Ende des ersten Kapitels fest, dass der Sokratische Dialog auf eine große Tradition zurückblicken kann und in der Philosophie, ebenso wie in der Pädagogik und der Verhaltens- und Psychotherapie, seit langer Zeit rezipiert wird. Er stellt dabei eine ausgezeichnete Methode zur Selbstreflexion dar und regt zum eigenständigen Denken und Beurteilen an. Daraus können sich neue Glaubenssätze entwickeln, die aus Ihrem Wertesystem und aus Ihren eigenen Zielen und Bedürfnissen heraus entstehen. Diese Glaubenssätze helfen Ihnen dabei, negative Gedanken loszuwerden und unbeschwerter und mit neuer Energie durch den Alltag zu gehen. Im folgenden Kapitel werden wir *en détail* betrachten, wie der Sokratische Dialog aufgebaut ist und wie er durchgeführt wird.

Praktische Anwendung: Techniken und Methoden

„Wer glaubt etwas zu sein,
hat aufgehört etwas zu werden.“
(Sokrates)

DER KONKRETE ABLAUF

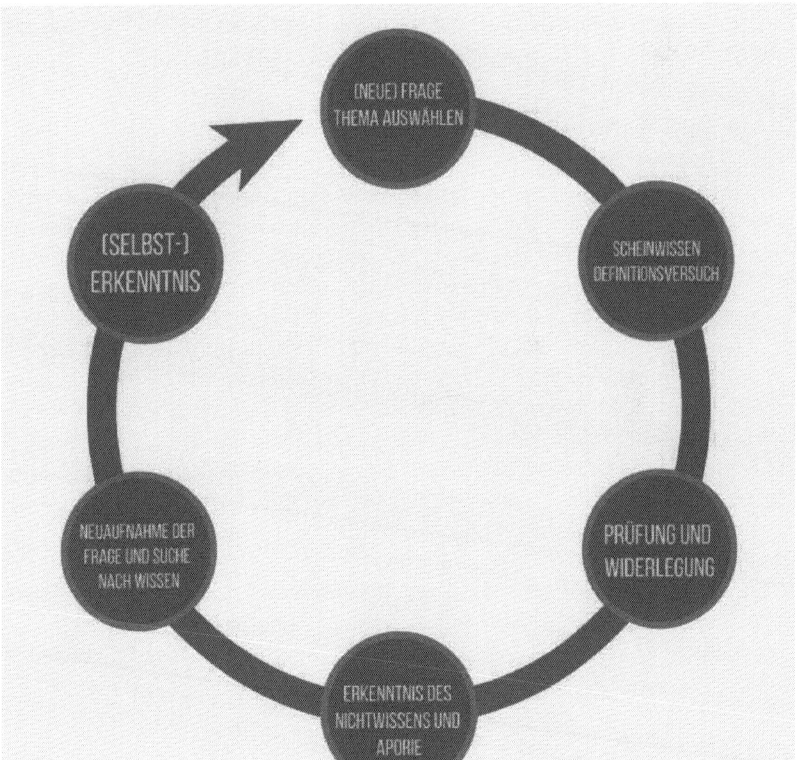

In der psychotherapeutischen Praxis wird der Sokratische Dialog als ein Zwiegespräch aufgebaut, bei dem keine weiteren Teilhaber oder Beobachter zugegen sind. Der Therapeut oder die Therapeutin nimmt die Rolle des Fragenden ein. Der Klient ist derjenige, der die Fragen zu beantworten versucht. Oder anders formuliert: Der Therapeut wirft dem Klienten Stimuli zu, die dieser aufgreift, wodurch er zum Prozess der Reflexion angeregt wird. Wichtig ist hierbei, dass kein Subordinationsverhältnis (also ein unterordnendes Verhältnis) zwischen den beiden Dialogpartnern geschaffen wird. Wir sollten uns daher keine Therapie-Couch vorstellen, wie wir sie aus Filmen oder Karikaturen kennen, sondern die Dialogpartner begegnen sich in der Regel aufrecht sitzend, wobei sich der Therapeut nicht in einer belehrenden, sondern impulsgebenden Position befindet. Meist schauen sich die Dialogpartner beim Gespräch auch direkt an. Ist dieses Setting bereitet, erfolgt der inhaltliche Einstieg in das Gespräch. Der Klient gibt hierbei die Richtung vor, indem er sein/e Problem/e darstellt, die ihn dazu bewogen haben, den Therapeuten aufzusuchen und in den Sokratischen Dialog einzusteigen.

Die Gesprächsphasen

Frage/Thema:

Der Sokratische Dialog beginnt zunächst mit dem Thema des Gesprächs bzw. einer Fragestellung. Das Thema hängt dabei vom konkreten Problem des Klienten ab. Meist beginnt der Klient mit einer Schilderung seines Problems oder er wirft direkt eine Frage in den Raum, die ihn beschäftigt. Die Schilderung des Problems kann jedoch auch narrativ erfolgen, woraufhin der Therapeut die erste Frage stellt. Eine direkte Frage des Klienten wäre zum Beispiel: „Warum liebt mich niemand?“ Eine narrative Erzählung würde dabei in etwa so aussehen: „Ich fühle mich einsam, ich habe das Gefühl, dass ich mit niemandem wirklich über meine Gefühle sprechen kann. Die Verbundenheit fehlt, ganz so, als würde mich niemand lieben.“ Beide Einstiege sind vollkommen in Ordnung, manche Klienten tun sich mit dem Formulieren einer konkreten Frage schwerer als andere und manchmal weiß man selbst nicht genau, welche Frage man überhaupt stellen möchte. Wenn Sie sich als Klient allerdings im Klaren darüber sind, welche Fragestellung Sie umtreibt, scheuen Sie sich nicht, diese Frage zu stellen. Denn hier ist das richtige Setting dafür. Hier können Sie sich sicher sein, dass auf die Frage eingegangen wird.

Scheinbares Wissen / Versuch einer Definition:

Nach der kurzen Erörterung der Eingangsfrage oder der Definition des Themas des Sokratischen Dialogs ist es die Aufgabe des Klienten, sein scheinbares Wissen zu präsentieren, auf das er seine Einschätzung stützt. „Warum denken Sie das?“ und „Wie kommen Sie zu dieser Einschätzung?“ wären typische Fragen eines Therapeuten. In unserem Beispiel glaubt der Klient, zu wissen, dass ihn niemand liebt, und es gibt sicherlich gute Gründe, warum er zu dieser Einschätzung gelangt ist. Die Darlegung dieser Gründe ermöglicht es dem Therapeuten, die Situation seines Klienten einzuschätzen und die richtigen Rückfragen zu stellen. Der Klient führt also aus, dass er das Gefühl habe, niemand interessiere sich für seine wahren Gefühle, wenn es ihm schlecht gehe, finde er keine Resonanz. Daraus folgt bereits eine Definition des Begriffs der *Liebe* oder des *Geliebt-Werdens*, denn offensichtlich geht es dem Klienten in unserem Beispiel nicht darum, dass er keine feste Partnerin oder keinen Sex hat, sondern dass er sich nicht verstanden bzw. geborgen fühlt. Das Gefühl der Geborgenheit/Vertrautheit und das Erleben einer Reaktion auf die Schilderung von Gefühlen sind also Aspekte, welche die Empfindung des Klienten, *geliebt* zu werden, determinieren. Wir wissen nun also genau, wie der Klient die Begriffe, die er im Rahmen des Dialogs verwenden wird, definiert und was er glaubt, über sie zu wissen.

Prüfung und Widerlegung:

Die Aufgabe des Therapeuten ist es nun, dieses vermeintliche Wissen zu dekonstruieren, also zunächst zu *prüfen* und am Ende zu *widerlegen*. Dies geschieht, wie wir bereits gelernt haben, im Dialog. Der Therapeut sagt keineswegs Sätze wie „Das stimmt doch überhaupt nicht“ oder „Sie erzählen Unsinn“, sondern er beginnt, Fragen zu stellen. „Gibt es dort keine Ausnahmen? Hatten Sie nicht schon einmal ein Gespräch mit einer vertrauten Person, der Sie sich gefühlsmäßig öffnen konnten?“ wäre zum Beispiel eine mögliche Nachfrage. Der Klient beginnt daraufhin, intensiver nachzudenken, und kommt zu dem Schluss, dass er, als er noch jünger war, sehr gut mit seiner Tante über seine Probleme sprechen konnte, von denen er seinen Eltern nicht berichten wollte. Die These, dass *niemand* ihn liebt, niemand ihm die benötigte Resonanz auf emotionaler Ebene gewährleisten kann, ist in ihrer Absolutheit somit bereits hinfällig. Eine andere mögliche Frage zum Hinterfragen des vermeintlichen Wissens wäre: „Haben Sie es denn in letzter Zeit überhaupt versucht?“ Manche Menschen neigen dazu, aufgrund der negativen Glaubenssätze, die sie als Wahrheit auffassen, keine Versuche mehr zu unternehmen, sich das Gegenteil zu beweisen. Wenn die Antwort des Klienten „Nein“ lautet, sollte bei ihm ebenfalls ein Reflexionsprozess einsetzen, er sollte sich überlegen, ob es nicht unter Umständen doch sinnvoll sein könnte, bei bestimmten Personen in seinem Leben emotional stärker anzudocken.

Vielleicht gibt es ja doch jemanden, der einem helfen kann, man hat es nur noch nie probiert.

Erkenntnis des Nichtwissens / Aporie:

Der in Gang gesetzte Denk- und Reflexionsprozess führt beim Klienten dazu, dass er sein *Nicht-Wissen* bzw. seine *blinden Flecken* erkennt. Sein vermeintliches Wissen, seine jahrelang verfestigten Glaubenssätze, ist am Ende kein wirkliches Wissen, sondern bloße Annahme. Weil er davon ausgegangen ist, dass er von niemandem geliebt wird, hat er sich emotional von vorneherein verschlossen. In der Zwischenzeit sind Menschen in sein Leben getreten, die ihm möglicherweise die Art von emotionaler Resonanz geben können, die er verlangt. Dies steht im Widerspruch zur eingangs geäußerten Frage. Die Erkenntnis eines inhärenten Widerspruchs nennt man in der Philosophie auch *Aporie*. Eine Frage kann nicht zufriedenstellend gelöst werden, da der Gegenstand der Frage oder die Begriffe, die zu ihrer Definition gebraucht werden, widersprüchlich sind. Sokrates bezeichnete die Aporie als unlösbare Problemstellung, mit der er seine Gesprächspartner im Rahmen der Mäeutik bewusst konfrontierte, um einen Stimulus zur Suche nach der wahren Erkenntnis zu liefern. Die *Platonischen Dialoge* – wir erinnern uns: von Platon stammen die Überlieferungen zur Philosophie des Sokrates – enden ihrerseits oftmals mit einer Aporie, also der Erkenntnis einer Unlösbarkeit eines Problems (Hügli, 2003).

Erneute Aufnahme der Frage / Suche nach Wissen:

Nachdem der Klient die Aporie erkannt hat, kann die Frage erneut, dieses Mal unter einem anderen Vorzeichen, diskutiert werden. Wenn das vermeintlich geäußerte Wissen sich als falsch oder irrig erwiesen hat, muss schließlich stattdessen neues Wissen generiert werden. „Was fangen Sie nun mit dieser Erkenntnis an?“, kann der Therapeut beispielsweise fragen. Der Klient muss nun sich selbst reflektieren. Er hat jetzt festgestellt, dass es in der Vergangenheit durchaus Menschen gegeben hat, die ihn liebten bzw. von denen er sich geliebt fühlte. Die Anzahl dieser Personen ist jedoch in den letzten Jahren geringer geworden, bei vielen stellte sich das Gefühl ein, eben nicht verstanden oder geliebt zu werden. Der Klient kann nun reflektieren, wie ihm die besagte Tante das entsprechende Gefühl vermittelt hat und was sie getan hat oder tun konnte, was andere Menschen in seinem Umfeld nicht tun. Außerdem kann etwa die Beziehung zu den Eltern oder die erste Liebesbeziehung zu Schulzeiten reflektiert werden. In welchen Momenten fühlte man sich ungeliebt? Wo ist man auf Ablehnung gestoßen? Und war dies tatsächliche Ablehnung, die als solche artikuliert wurde, oder handelte es sich damals schon um ein *Gefühl*? Eine Analyse der sozialen und emotionalen Beziehungen zu verschiedenen Zeitpunkten und mit verschiedenen Leuten im engeren Umfeld kann zu einem neuen Wissen führen, das das alte, falsche

Wissen ersetzt, und alte, negative Glaubenssätze können durch neue ergänzt oder ersetzt werden.

(Selbst-) Erkenntnis:

Am Ende des Sokratischen Dialogs steht also eine *Erkenntnis* – wann fühle ich mich geliebt und wer kann mir dieses Gefühl wie vermitteln? Die Antwort darauf kann simpel sein, zum Beispiel, dass man sich nach einer Umarmung, also einer körperlichen Resonanz, sehnt. Sie kann jedoch auch komplexer sein, vielleicht sind es bestimmte Worte, bestimmte Eindrücke und Gerüche, die der Klient aus seiner Kindheit kennt und mit Geborgenheit assoziiert. In jedem Fall hat der Klient durch den Prozess der Selbstreflexion eine Selbsterkenntnis generiert, die ohne die Ausformulierung einer Frage, den Widerspruch oder das Hinterfragen des Dialogpartners und die daraufhin initiierte Reflexion nicht möglich gewesen wäre.

Praxisbeispiel für einen sokratischen Dialog

Bleiben wir bei unserem Beispiel eines Klienten, der sich nicht geliebt und deshalb einsam und nicht verstanden fühlt. Wir haben mögliche Phasen des Dialogs bereits anhand von Beispielen betrachtet, nun gehen wir den Dialog in Gänze durch und achten hierbei auf die eben unterteilten Schritte. Es handelt sich bei diesem Beispiel um einen rein fiktiven Dialog.

Frage/Thema

Therapeut: „Warum sind Sie heute hier?"

Klient: „Ich fühle mich ungeliebt und irgendwie missverstanden. Ich habe das Gefühl, dass ich mit niemandem über meine Gefühle sprechen kann. Kurzum: Ich habe das Gefühl, dass mich niemand liebt."

Scheinbares Wissen / Versuch einer Definition

T: „Nun. Sie sagen, dass niemand Sie liebt. Ich finde es schwer, Liebe überhaupt zu definieren, das ist ein großer Begriff. Können Sie mir bei der Definition helfen, was verstehen Sie darunter?"

K: „Ja, ich kann es versuchen. Sehen Sie, Liebe bedeutet für mich Nähe und Geborgenheit. Dabei geht es mir nicht so sehr um körperliche Nähe. Ich brauche keine ständigen Umarmungen oder jemanden, der mit mir schmust ... Wenn ich so darüber nachdenke, finde ich das sogar in den meisten Fällen lästig und habe lieber eine gewisse Distanz zu vielen Menschen. Ich glaube, Liebe ist für mich ein Gefühl, dass man geistig verbunden ist, dass man gemeinsame Gedanken hat und gemeinsame Interessen und Gefühle miteinander teilt. Das ist Liebe für mich."

T: „Sie sagen selbst, dass Sie körperlich gerne auf Distanz zu anderen gehen. Haben Sie das Gefühl, dass andere Sie vielleicht deswegen unter Umständen als reserviert oder unnahbar wahrnehmen? Könnte das sein?"

K: „Ich will es nicht ausschließen. Es kann schon sein, dass ich manchmal als distanzierter Mensch wahrgenommen werde, zu dem man nicht so schnell eine enge Bindung aufbauen kann. Vielleicht sollte ich diesbezüglich etwas offener werden. Das ist sicher eine Überlegung wert."

Prüfung und Widerlegung

T: „Sie betonen die emotionale Verbundenheit. Gibt es keinen Menschen in Ihrem Leben, bei dem Sie diese spüren? Denken Sie ruhig auch an die Vergangenheit."

K: „An die Vergangenheit sagen Sie ... Nun, früher habe ich gerne mit meiner Tante geredet. Bei ihr habe ich immer das Gefühl gehabt, dass sie mich versteht. Gleichzeitig war sie weit genug weg von meinem innersten Umfeld, sie hat schließlich zwei Orte weiter gewohnt, sodass ich niemanden aus meinem unmittelbaren Umfeld so nah an meine Gefühlswelt heranlassen musste. Sie war immer sehr verständnisvoll und ich konnte ihr Sorgen anvertrauen, für die ich mich vor meinen Eltern geschämt hätte. Vielleicht hatte ich auch Angst, meine Mutter emotional zu belasten. Sie hat sich immer viele Sorgen gemacht."

T: „Sie sprechen von Problemen, über die Sie mit der Tante reden konnten. Was bedeutet das Sprechen über Probleme für Sie?"

Erkenntnis des Nichtwissens

K: „Ja, wo Sie so fragen ... Es ist mir schon sehr wichtig. Ich glaube, dass ich von jemandem geliebt werde, ist Teil meines Verständnisses von *Geliebt-Werden*. Wenn ich nicht mit jemandem sprechen kann, liebt er mich auch nicht. Das ist auch diese emotionale Verbundenheit, dieses Teilen von Gefühlen ... Wenn man mit jemandem sprechen kann, der einen versteht. Oder es zumindest versucht."

T: „Das heißt, Sie haben auch oft das Gefühl, nicht über Ihre Probleme sprechen zu können?"

K: „Ja, das ist so. Ich habe die Angst, dass mich niemand versteht, dass man mich auslacht oder nicht für voll nimmt."

T: „Wenn Sie diese Angst haben und sich zudem als reservierten Menschen beschreiben: Versuchen Sie denn aktuell manchmal, jemandem explizit von Gefühlen zu erzählen? Wenden Sie sich mit Ihren Gefühlen und Sorgen an jemanden oder haben Sie es in den letzten Wochen/Monaten getan?"

K: „Nein. Nun schon länger nicht mehr. Meine Tante ist mittlerweile zu alt, sie kann mir nicht mehr folgen. Und meinen Eltern erzähle ich bis heute nie von meinen Gefühlen. Ehrlich gesagt habe ich es, glaube ich, schon vor einiger Zeit aufgegeben, ernsthaft mit Menschen darüber zu sprechen. Ich glaube, ich denke irgendwo in mir drin, dass es ohnehin zwecklos ist, warum soll ich mit jemandem sprechen, wenn mich keiner versteht?"

Erneute Aufnahme der Frage

T: „Gibt es denn Menschen, mit denen Sie sich emotional verbunden fühlen, mit denen Sie aber noch nie über diese Gefühle gesprochen haben?"

K: „Ja, da ist eine Arbeitskollegin ... Wir verstehen uns sehr gut, wir haben auch privat schon des Öfteren einmal gesprochen oder waren nach der Arbeit noch etwas trinken in dem Café direkt gegenüber vom Büro. Wir können uns ziemlich offen austauschen, zumindest macht sie das, und ich höre ihr gerne zu und kann auch Ratschläge geben. Andersherum bin ich aber auch eher reserviert, zurückhaltend. Wie gesagt, ich habe es aufgegeben, mit anderen über meine Gefühlswelt zu sprechen."

T: „Könnte diese Kollegin einen Bezugspunkt für Sie darstellen?"

K: „Auf jeden Fall; vielleicht haben Sie recht, ich sollte es einmal probieren, das nächste Mal, wenn wir uns unterhalten, spreche ich auch meine Sorgen einmal an, ich bin gespannt, wie sie reagiert, aber ich kann mir gut vorstellen, dass sie mir auch zuhören wird. Vielleicht kann sie meine Gefühle ja erwidern; vielleicht ist sie ja sogar verliebt."

T: „Es würde Sie also doch jemand lieben ...?"

K: „Das kann sein, ich habe bisher nie so darüber nachgedacht."

T: „Sie sprachen von Vertrautheit. Woher kommt diese Vertrautheit bei Ihnen beiden? Können Sie das sagen?"

K: „Das ist schwierig ... Ich glaube, tatsächlich erinnert sie mich insgeheim ein wenig an meine Tante. Sie wissen schon, an die, mit der ich damals schon immer gut reden konnte. Ich glaube, es ist das Lächeln, das ist ganz ähnlich, irgendwie vertraut, und es weckt positive Erinnerungen. Ich habe mir sogar einmal eingebildet, dass sie das gleiche Parfüm benutzt, das kann aber auch nur eine Illusion gewesen sein, so genau weiß ich das nicht mehr."

T: „Es sind also Erinnerungen an früher, an Personen, die Sie geliebt haben und die von Ihnen geliebt wurden ...?"

(Selbst-) Erkenntnis

K: „So kann man es wohl ausdrücken. Sie haben recht. Ich muss ein bisschen offener werden und auch auf andere zugehen. Wenn ich nicht mit den Menschen spreche, werden sie auch nicht mit mir sprechen, erst recht nicht über emotionale Dinge. Und ja, es ist nicht ganz richtig, dass mich niemand liebt; ich habe das Gefühl von Liebe durchaus schon erfahren. Und interessanterweise hat es nichts mit Sex oder mit Romantik zu tun, sondern es spielt sich auf einer eher geistigen Ebene ab. Dort müsste ich vermehrt andocken und mich den Menschen, denen ich mich verbunden fühle, öffnen. Vielleicht erfahre ich so wieder mehr Resonanz."

Dieses Beispiel ist sicherlich verkürzt, denn ein tatsächlicher Sokratischer Dialog zu einem derart komplexen Thema dürfte wesentlich länger dauern, auch kommen den meisten Klienten die Erkenntnisse nicht derart plötzlich, innere Abwehrhaltung und psychologische Hürden spielen in der Praxis oft eine große Rolle. Jedoch zeigt der hier angeführte Dialog sehr anschaulich, wie die einzelnen Phasen vonstattengehen. Der Therapeut beschränkt sich dabei auf Fragen, er stellt keine einzelne manifeste Behauptung auf, sondern versieht alle seine Sätze mit einem Fragezeichen. Er hat darüber hinaus wesentlich weniger Redeanteile als der Klient, der die Stichworte des Therapeuten aufnimmt und daraufhin eigenständig mit dem Reflektieren beginnt. Nach der Definition des Problems folgen das Hinterfragen des vorhandenen Wissens sowie die Akkumulierung neuen Wissens, das letztlich wiederum zum Erkenntnisgewinn führt. Der Klient geht mit einem positiven Gefühl aus dem Gespräch, denn er hat nun eine Idee, wie er konkret an seinem Problem arbeiten kann.

Überblick: Formen des Sokratischen Dialogs

Innerhalb des Sokratischen Dialogs kann zwischen verschiedenen Dialogtypen unterschieden werden: dem explikativen, dem normativen sowie dem funktionalen Dialog. Sie unterscheiden sich vor allem durch die *Art* der Fragestellung.

Explikative Sokratische Dialoge

Eine häufig auftretende Unterform ist der *explikative* Sokratische Dialog. Der Begriff Explikation ist Ihnen vielleicht aus Ihrem Studium oder aus der Schulzeit geläufig; er bedeutet nichts anderes als *Erklärung*. Ein explikativer Sokratischer Dialog soll also eine Erklärung für ein Phänomen liefern.

Art der Fragestellung

Die am häufigsten gestellte Frage ist in diesem Zusammenhang „Was ist das?" oder „Was bedeutet das?". Der explikative Sokratische Dialog dient also vor allem der Definition von Begriffen und der Ergründung, welche Bedeutung diese Begriffe haben.

Wenn wir bei dem Fall aus unserem Beispieldialog bleiben, hätte dieser eine starke explikative Färbung, wenn es um das Thema *Liebe* oder *Geliebt-Werden* geht. Der Therapeut versucht, zu erfragen, was Liebe für den Klienten ist und was dieser Begriff ihm bedeutet. „Was verstehen Sie unter dem Begriff der Liebe / Was verstehen Sie darunter, geliebt zu werden?", „Was bedeutet Vertrauen für Sie?", „Wann fühlen Sie sich als produktiver Arbeiter?" etc.

Der explikative Dialog dient dabei vor allem der Klärung grundsätzlicher Definitionsfragen. Dadurch können Missverständnisse vermieden werden, zum Beispiel in einer Partnerschaft. Wenn beide Partner etwas anderes unter dem Begriff Liebe oder Vertrauen verstehen, kann es schnell zu Konflikten kommen, denen jedoch vorgebeugt werden kann, wenn beide sich auf eine gemeinsame Definition einigen oder zumindest die Definition des anderen nachvollziehen können. Dies funktioniert ebenso im Arbeitsleben, wenn zum Beispiel das Selbstbild als produktiver Arbeiter nicht mit dem Bild der Kollegen oder des Chefs übereinstimmt. Auch hier können Definitionsfragen hilfreich sein, um Missverständnissen vorzubeugen.

Auf den Punkt:

Der explikative Sokratische Dialog eignet sich besonders für die Definition von Begriffen und für die Klärung grundsätzlicher Fragen und Überzeugungen. Durch seinen grundlegend hinterfragenden Charakter kann er alltäglichen Kommunikationsproblemen vorbeugen.

Normative Sokratische Dialoge

Wie der Name bereits verrät, geht es bei normativen Sokratischen Dialogen um *Normen* und Regeln, also vermehrt um ethische Fragestellungen.

Art der Fragestellung

Im Zentrum steht, vereinfacht gesagt, die Frage „Darf ich das?“ oder „Ist das legitim?“. In unserem Alltag sind wir des Öfteren mit mehr oder minder großen moralischen Dilemmata konfrontiert. Dies hängt oftmals mit der Ambivalenz zusammen, die den meisten Menschen zu eigen ist.

Sie sehen sich zum Beispiel als einen verantwortungsvollen Menschen an, sind aber letztes Wochenende nach einem langen Abend in der Kneipe noch Auto gefahren, obwohl Sie vermutlich mehr als die erlaubte Promillegrenze im Blut hatten? Sie sehen sich als zuverlässig an, vergessen jedoch bereits zum wiederholten Mal den Geburtstag eines Freundes und gratulieren ihm erst drei Tage später? Sie sehen sich als enorm organisiert an, doch das Meeting am Montag früh um halb zehn haben Sie total vergessen? All diese Beispiele sind keinesfalls schwere Verbrechen, man würde gemeinhin sagen: „Das ist doch nur menschlich“ – und genau das ist es auch, da der Mensch diese Ambivalenzen stets in sich trägt. Werden es jedoch zu viele, spricht man von einer *kognitiven Dissonanz*; das Selbstbild und die Handlungen passen nicht mehr zusammen und wir beginnen, an uns zu zweifeln (Festinger, Theorie der kognitiven Dissonanz, 2012).

Kognitive Dissonanzen können zur psychischen Belastung werden. Gerade in einem solchen Fall ist es wichtig, die eigenen Normen und Moralvorstellungen zu reflektieren. Darf ich zum Beispiel eine Notlüge einsetzen? Ich kann dem Freund, dessen Geburtstag ich vergessen habe, sagen, dass ich auf der Arbeit ein riesiges Projekt hatte und die letzten drei Tage zu nichts anderem gekommen bin, auch wenn ich in Wahrheit einfach nur nicht daran gedacht habe. Wenn Sie diese Notlüge allerdings vor sich selbst rechtfertigen können, weil Sie Notlügen für normativ zulässig erachten, fahren Sie so unter Umständen besser. Oder wie halten Sie es mit der Treue? Ist es schon ein Verstoß gegen das Treuegebot in einer Partnerschaft, wenn man ans Fremdgehen denkt oder wenn man mit einer Kellnerin in einem Restaurant flirtet, ohne ernsthaft die Absicht zu haben, sie privat zu treffen? Derartige Fragen sind moralisch-normativer Natur. Wenn Sie diese für sich klären, vermeiden Sie kognitive Dissonanzen und moralische Dilemmata, da Sie sich auf ein klar abgestecktes Wertesystem berufen können.

Auf den Punkt:

In unserem Alltag sind wir oftmals mit moralischen Fragen konfrontiert. Der normative Sokratische Dialog hinterfragt Ihre Vorstellungen von Normen und Moral und hilft Ihnen so, ein festes Wertekonstrukt zu entwickeln, an dem Sie sich orientieren können.

Funktionale Sokratische Dialoge

Normative Überlegungen sind oft grundlegender und auch theoretischer Natur. Auch wenn sie sich auf praktische Probleme beziehen, verhandeln sie diese auf Basis einer allgemeinen Überlegung. Der funktionale Sokratische Dialog hingegen bezieht sich auf ein sehr konkretes praktisches Problem.

Art der Fragestellung

Die zugehörige Frage wäre: „Soll ich das tun/lassen?" Es geht darum, herauszuarbeiten, wie zielführend eine bestimmte Handlung für das Erreichen eines Ziels ist. Wir haben bereits gelernt, dass wir unsere eigenen Ziele und Absichten mithilfe des Sokratischen Dialogs hinterfragen und so besser verstehen können. Doch darüber hinaus können wir auch diskutieren, wie wir diese Ziele erreichen.

Ihr Ziel ist zum Beispiel selbstbestimmtes Arbeiten. Sie haben festgestellt, dass Ihnen der Wert der Sicherheit in Bezug auf Ihren Job nicht besonders wichtig ist (festes Gehalt, garantierte Rente etc.). Stattdessen bevorzugen Sie die *Freiheit*. Wenn Sie dies bereits herausgefunden haben, würden Sie im Sokratischen Dialog sicherlich an den Punkt kommen, an dem die Frage gestellt wird: „Soll ich meine aktuelle Stelle aufgeben, um mich selbstständig zu machen?" Hier haben wir es mit einem konkreten Schritt zu tun: Um das Ziel des selbstbestimmten Arbeitens zu erreichen, muss die aktuelle Stelle aufgegeben werden. Da die Sicherheit eines Jobs nicht das entscheidende Kriterium ist, ist Selbstständigkeit eine gute Option. Ein anderes Beispiel wäre auch hier aus der Welt der Paarbeziehungen, wenn etwa die konkrete Frage gestellt wird, ob man sich besser von seinem Partner trennen sollte.

Sie sehen, dass dem funktionalen Sokratischen Dialog oftmals die Überlegungen aus dem explikativen und dem normativen Sokratischen Dialog zugrunde liegen. Man kann diese Dialogformen daher auch nicht als vollkommen voneinander getrennt betrachten. Die verschiedenen Fragestellungen hängen letzten Endes immer zusammen und nur, wenn sowohl die grundlegenden und die theoretischen als auch die praktischen Fragen geklärt sind, kann ein Problem von der Wurzel an behoben werden.

Auf den Punkt:

Der funktionale Sokratische Dialog befasst sich mit konkreten Handlungen und Schritten, die zum Erreichen eines bestimmten Ziels gegangen werden müssen. Um diese Schritte zu gehen, müssen allerdings zunächst das Ziel und die damit verbundenen Werte klar definiert werden.

Fragetechniken

Fragen über Fragen – Sie haben sicher bereits gemerkt, dass Fragen der essenzielle Bestandteil des Sokratischen Dialogs sind. Fragen geben die Richtung des Gesprächs vor und bringen den Klienten in den Zustand des Nachdenkens und Reflektierens und so zu einer tieferen Erkenntnis. Daher trägt der Fragesteller im Sokratischen Dialog eine große Verantwortung. Seine Aufgabe ist es nicht nur, die richtigen Fragen zu stellen, sondern auch, die richtigen Fragetechniken anzuwenden, um den Gesprächspartner ernsthaft zum Denken anzuregen. Nicht alle Sokratischen Dialoge sind schließlich so unkompliziert wie unser Beispiel, bei dem der Klient immer direkt auf die Frage eingeht. Manchen Menschen fällt der Reflexionsprozess, insbesondere hinsichtlich der eigenen Person, sehr schwer und sie haben Probleme damit, über eigene Erfahrungen, Werte oder Ziele im Leben zu sprechen. In einem solchen Fall ist ein kluger Fragesteller gefragt, der, wie einst Sokrates, in wenigen Worten die essenziellen Fragen stellt und seine Gesprächspartner so zum Denken stimuliert.

Nachfragen und Konkretisieren

Eine äußerst wichtige Fragetechnik ist das *Nachfragen* bzw. *Konkretisieren*. In einem Gespräch neigen Menschen oft zu Pauschalaussagen oder sie gehen davon aus, dass das Gegenüber genau weiß, was man meint, und erklären daher nicht genauer. Floskeln wie „Das war halt so" oder „Ich hab das einfach gemacht" sind typisch, wenn man zum Beispiel Situationen oder Entscheidungen im Nachhinein schildern oder erklären soll. Manche Menschen nehmen ihre Situation zudem als gegeben hin und verstehen sie als Prämisse für ihr Handeln: „Mich liebt halt keiner, ich weiß auch nicht, warum, aber es ist so. Dementsprechend muss ich es doch gar nicht mehr probieren."

Der Fragesteller muss an Stellen im Dialog, die unklar wirken oder sich nicht auf den ersten Blick erschließen, immer nachfragen.

„Wieso denken Sie das?"

„Wieso haben Sie in dieser Situation so gehandelt?"

„Was genau meinen Sie damit?"

„Wie kommen Sie zu der Auffassung, dass niemand Sie liebt? Bitte erklären Sie mir das."

„Was folgt für Sie daraus?"

etc.

All diese Fragen haken nach und sind gleichzeitig offen gestellt. Der Klient muss nachdenken, um sie beantworten zu können, und wird so konkreter in seinem Ausdruck oder in der Beschreibung des Problems. Als Fragesteller darf man in diesen Situationen keinesfalls locker lassen, bis die Antwort konkret und verständlich genug ist, um mit ihr arbeiten zu können.

Klient: „Mich liebt halt keiner, es ist einfach so."

Therapeut: „*Wie genau* kommen Sie zu dieser Überzeugung?"

K: „Ich weiß nicht, es ist einfach so ..."

T: „Wieso denken Sie das? Haben Sie aktuell eine solche Erfahrung gemacht?"

K: „Ja, aktuell ist es halt so ... Ich kann mit niemandem reden. Ich glaube, keiner hat wirklich Gefühle für mich. Mit mir kann man schwer auf einer Wellenlänge sein."

T: „*Was meinen Sie damit*? War es schon immer so gewesen, seit Ihrer Kindheit?"

K: „Hmm, eigentlich nicht. Bei meinen Eltern habe ich die Liebe immer gespürt."

T: „Erklären Sie mir bitte, wie Sie die Liebe gespürt haben. *Was meinen Sie konkret damit*? Was war das für ein Gefühl, woran machen Sie das fest?"

Hier haben wir das Beispiel eines Klienten, der zunächst keine konkrete Antwort geben kann. Er tut sich schwer damit, einen Grund oder ein konkretes Fallbeispiel zu benennen. Daher geht der Therapeut den Umweg, er beginnt, zu erfragen, was Liebe für den Klienten bedeutet und wie er das Gefühl definiert. Aufgrund seiner Kindheitserinnerung wird der Klient explizieren können, was für ihn das Gefühl, geliebt zu werden, ausmacht. Im Anschluss daran kann der Therapeut nachfragen, in welchen konkreten Situationen dem Klienten dieses Gefühl heute fehlt und was er damit meint, dass niemand ihm dieses Gefühl geben kann: „Was könnte der Grund dafür sein?" Der Reflexionsprozess wurde so bereits angestoßen.

Verständnisfragen

Eine weitere wichtige Fragetechnik ist die *Verständnisfrage*. Für den Dialogpartner ist es essenziell, dass er sein Gegenüber inhaltlich versteht und keine offenen Fragen bleiben. Nur so kann der Dialogpartner angemessen auf den Klienten eingehen und die richtigen Fragen stellen. Wenn also unklare oder unverständliche Formulierungen verwendet werden, werden Fragen bzw. Bitten wie folgende gestellt:

„Das habe ich nicht verstanden. Können Sie mir das bitte noch einmal erklären?"

„Bitte erläutern Sie das noch einmal, das habe ich nicht verstanden."

Nehmen wir an, der Klient spricht von einer vergangenen Beziehung, die nicht harmonisch verlief und in der er sich in seinem Gefühl bestätigt sah, dass er nicht geliebt wurde. Er schildert beispielsweise folgende Situation: „Wir saßen dann abends immer am Esstisch; mal hat sie gekocht, mal ich, aber meistens sie, weil ich später von der Arbeit heim gekommen bin. Na ja, und dann saßen wir da, zusammen am Tisch, aber es ging nie um das Wesentliche." Der Klient erinnert sich sehr lebendig an die Situation und weiß noch genau, was er in dem Moment empfunden hat. Er hält es daher entweder nicht für nötig, seinem Dialogpartner die Situation näher zu erklären, oder er denkt schlicht nicht so weit, dass der eigentliche Kern des Problems aus dieser Schilderung für einen Dritten nicht ersichtlich werden könnte. Da es jedoch scheinbar um ein zentrales Anliegen des Klienten geht, muss der Dialogpartner in diesem Fall nachhaken: „Das habe ich nicht ganz verstanden. Bitte erklären Sie mir, was Sie mit dem *Wesentlichen* meinen." Daraufhin wird der Klient vermutlich konkreter beschreiben, dass die Gespräche am Esstisch keine inhaltliche oder emotionale Tiefe hatten und ihn diese Oberflächlichkeit belastet hat.

Die Verständnisfrage kann auch als rhetorische Frage eingesetzt werden, wenn der Therapeut zwar das Gefühl hat, den Klienten durchaus verstanden zu haben, aber den soeben genannten Punkt an der Stelle vertiefen will. Hierfür kann man auch gezielt nachfragen:

„Können Sie mir das bitte noch einmal erläutern, damit ich sicher sein kann, Sie richtig verstanden zu haben?"

Konfrontation mit Widersprüchen

Eine weitere bedeutsame Fragetechnik beim Sokratischen Dialog ist die Konfrontation mit Widersprüchen in der Schilderung und Argumentation des Klienten. Manchmal verstricken sich Klienten in Widersprüche, die ihnen selbst nicht bewusst sind. In unserem Beispiel sagte der Klient, dass er selbst ein eher verschlossener Mensch sei und dass er es nicht gerne habe, wenn andere zu nah an ihn herankämen (körperlich, aber auch emotional). Auf der anderen Seite sagte er, dass er unglücklich darüber sei, keine Nähe oder menschliche Wärme zu spüren. Dies kann als Widerspruch betrachtet werden, denn entweder mag man die Nähe zu anderen Menschen oder man meidet sie, man sollte dann jedoch auch kein Bedürfnis nach ihr verspüren. Hier kann es sich zum Beispiel auch um eine kognitive Dissonanz handeln, bei der sich der Klient einbildet bzw. einredet, ein verschlossener Mensch zu sein, um nicht in Situationen der Nähe zu kommen, obwohl er sie eigentlich bräuchte, um zufrieden zu sein.

ⓘ

Information: Kognitive Dissonanz

In der Sozialpsychologie wird die *kognitive Dissonanz* meist als ein mental belastender Zustand beschrieben, der durch unvereinbare Kognitionen ausgelöst wird. Unter *Kognitionen* werden Gedanken, Meinungen, Werte, Wünsche oder Ziele subsumiert. Diese Kognitionen können jedoch widersprüchlich sein. Stellen wir uns einen Mann vor, der sich einerseits als moralisch und treu ansieht (der moralische Wert der Treue ist eine Kognition), jedoch andererseits innerhalb seiner Beziehung unglücklich und sexuell unbefriedigt ist (Wunsch nach Befriedigung des Sexualtriebs als zweite Kognition) und deshalb fremdgeht oder ein Bordell aufsucht. Diese beiden Kognitionen sind miteinander unvereinbar. Es entsteht ein Konflikt, der als *Dissonanz* bezeichnet wird.

Die Folge einer oder mehrerer kognitiver Dissonanzen führt meist zu Unzufriedenheit bei den betroffenen Personen, kognitive Dissonanzen können innerliche Anspannungen hervorrufen, die es in einem Gespräch oder in einer Therapie zu überwinden gilt. Je mehr Dissonanzen ein Patient mit sich trägt, desto angespannter und ausgeglichener ist er in der Regel. Der Sokratische Dialog kann dabei helfen, kognitive Dissonanzen im ersten Schritt zu erkennen und im zweiten Schritt zu bekämpfen (Festinger, A Theory of Cognitive Dissonance, 1957).

Auch hier greift der Fragesteller jedoch nicht direkt ein, indem er etwa sagt, „Das ergibt keinen Sinn, vorhin haben Sie doch etwas anderes behauptet“, sondern er fragt den Klienten, ob er den Widerspruch auflösen kann:

„Vorhin sagten Sie, dass ... Nun verstehe ich Sie aber so .... Können Sie mir das bitte noch einmal erklären, damit ich sicher sein kann, Sie richtig zu verstehen?"

„Können Sie mir bitte den Zusammenhang noch einmal erläutern?"

Mit dieser Fragetechnik gehen Sie einerseits sicher, dass Sie den Klienten richtig verstehen und der (vermeintliche) Widerspruch nicht bloß auf einem Missverständnis beruht, andererseits weisen Sie den Klienten freundlich auf den potenziellen Widerspruch hin, ohne ihm jedoch das Gefühl zu geben, dass seine Aussagen unsinnig waren. Eventuell kann der Klient nach einer gewissen Zeit, die er zur Reflexion benötigt, den Widerspruch für sich auflösen und erlangt so bereits eine Erkenntnis, die für eine tiefere Erkenntnis im Sinne des Sokratischen Dialogs entscheidend sein kann. Essentiell ist dabei, dass der Fragesteller den Schilderungen des Klienten aufmerksam folgt, denn anderenfalls werden mögliche Widersprüche vom Fragesteller als solche nicht erkannt und können auch nicht reflektiert werden.

Auch hier sehen Sie, dass die Fragetechniken zusammenhängen und teilweise ineinander übergehen. Auf eine Verständnisfrage kann ein Widerspruch als Antwort folgen, der wiederum die Aufdeckung dieses Widerspruchs zur Folge hat. Da es sich bei einem Sokratischen Dialog um ein offenes Gespräch ohne Leitfaden oder einen festgelegten Fragenkatalog handelt, ist jedes Gespräch anders und erfordert daher eine gewisse Flexibilität. Das bloße Abarbeiten von Stichpunkten hilft in diesem Fall weder dem Klienten noch dem Fragesteller weiter.

Weitere Fragemöglichkeiten

Zuletzt gibt es weitere „Standard"-Fragen, die häufig in Sokratischen Dialogen vorkommen. Wir können etwa nach der **Häufigkeit** einer Situation fragen, wenn es relevant ist, ob es sich um einen Einzelfall handelt oder um ein häufig auftretendes Problem:

- „Wie oft ist Ihnen das bereits passiert?"

Wenn ein Klient z. B. angibt, manchmal Panik in geschlossenen Räumen zu verspüren, kann es relevant sein, ob dies ein- oder zweimal im Jahr oder mehrfach in der Woche geschieht.

Auch **Absichten** des Klienten können erfragt werden. Wenn er etwa schildert, dass ihm sein Hausarzt empfohlen hat, spazieren zu gehen, um auf andere Gedanken zu kommen, können Sie ihn fragen:

- „Wie wahrscheinlich ist es, dass Sie diesen Ratschlag befolgen?"

Sie erkennen somit einerseits die Absichten des Klienten und können aus dieser wiederum Schlussfolgerungen ziehen. Wenn er Ihnen sagt, er gedenke, den Ratschlag des Arztes nicht umzusetzen, können Sie im nächsten Schritt (Aufdecken von Widersprüchen) ergründen, warum der Klient eine Handlung verweigert, die ihm helfen könnte.

Eine weitere Frage, die des Öfteren im Sokratischen Dialog gestellt werden kann, ist jene nach dem **Wieso/Warum** hinter einem (vermeintlichen) Ereignis:

- „Wieso glauben Sie, dass ... eintreten wird?"

Manche Klienten glauben, dass sie ohnehin keinen Erfolg haben werden, wenn sie sich selbstständig machen, und bleiben daher lieber in ihrem alten Job oder sie denken, es habe keinen Sinn die nette Arbeitskollegin, mit der man sich gut unterhalten kann, anzusprechen, da sie die Liebe niemals erwidern würde. Entscheidend für den Reflexionsprozess ist es, dass der Klient erkennt, woher dieser Pessimismus, dieses negative Selbstbild, rührt. Die Frage, warum ein Klient glaubt, dass ein Ereignis eintreten oder nicht eintreten wird, ist dabei von zentraler Bedeutung. Die Antwort lässt Rückschlüsse auf die innere Einstellung und auf internalisierte Glaubenssätze beim Klienten zu.

Des Weiteren können Sie einen Klienten, der bereits erzählt hat, dass es **positive** Momente oder Handlungen gibt, die ihm helfen, fragen:

- „Was hilft Ihnen an ... so gut?/ Was gefällt Ihnen an ...?"

Vielleicht ist es der Spaziergang, vielleicht ist es, Sport zu treiben, oder vielleicht ist es die Malerei, Literatur, Musik oder ein Telefonat mit einem guten Freund. Es gibt auch wesentlich ausgefallenere Dinge, die Menschen helfen können, aus emotional belastenden Situationen herauszukommen. Für den Fragesteller ist es wichtig, zu ergründen, welche Faktoren genau das positive Gefühl beim Klienten hervorrufen. Vielleicht lässt sich dieses positive Gefühl auch auf eine andere Art und Weise erreichen. So kann ein Mechanismus etabliert werden, der zum Beispiel genauso beruhigend wirkt wie ein langer Spaziergang, der aber innerhalb von zwei Minuten während eines stressigen Meetings auf der Arbeit aktiviert werden kann.

Psychotherapeutischer Exkurs: Die kognitive Umstrukturierung

„Die Stimme der Vernunft ist leise,
doch sie ruht nicht, ehe sie sich Gehör verschafft hat."
(Sigmund Freud)

Im vorausgegangenen Kapitel haben wir unter anderem das Konzept der *kognitiven Dissonanz* kennengelernt. Kognitionen, also Denkweisen und mentale Strukturen, können in unserem Alltag zur Belastung werden, insbesondere, wenn sie nicht miteinander im Einklang sind.

Sigmund Freud beschreibt erstmals in seiner Schrift *Das Ich und das Es*, dass der Mensch nicht nur von seinen rationalen Überlegungen gesteuert wird, sondern mindestens genauso stark von seinen Trieben und unbewussten Wünschen, Sehnsüchten, Ängsten und Aggressionen. Freud verwendete die prägnante Formulierung, der Mensch sei nicht *Herr im eigenen Haus*, worauf er auf das von ihm als *Es* bezeichnete Unbewusste als heimlichen Herrscher anspielte (Freud, 1923/2013).

Grundsätzlich unterschied Freud in dieser Ausarbeitung erstmals drei Ebenen, die auf die menschliche Psyche Einfluss nehmen. Das *Ich* ist die bewusste Ebene, man könnte auch die Entscheidungsebene sagen. Diese vermittelt zwischen dem *Über-Ich*, das für Werte, Moral- und Normvorstellungen steht, die auf das Handeln des *Ich* einwirken, und dem *Es*, den unbewussten Wünschen, Sehnsüchten und den unterdrückten Trieben. Im Alltag können wir uns also vorstellen, dass wir die Ebene des Ich repräsentieren. Wir nehmen unsere Umwelt bewusst wahr und treffen daher Entscheidungen. Dabei werden wir jedoch stets geprägt von unseren Moralvorstellungen und unseren Trieben, zwischen denen wir vermitteln müssen wie ein Schiedsrichter.

Angenommen, Sie begehren eine Person aus Ihrem Bekanntenkreis. Sie wissen aber, dass diese Person verheiratet ist und kein sexuelles Interesse an Ihnen hat. Nun gilt es, eine Entscheidung zu treffen: Das *Es* drängt Sie, die entsprechende Person zum Fremdgehen zu animieren oder sie sogar einvernehmlich zu einer sexuellen Handlung zu nötigen, um Ihren Sexualtrieb zu befriedigen. Das *Über-Ich* weist Sie jedoch darauf hin, dass es unmoralisch ist, eine Person zum Ehebruch zu drängen, und dass es unmoralisch und zugleich verboten ist, eine Person zu sexuellen Handlungen zu nötigen. Das *Ich* muss in diesem Fall eine Entscheidung treffen, wie es zwischen diesen beiden Ebenen vermitteln kann. Oftmals versuchen wir laut Freud dennoch, unseren Trieb zu befriedigen, gehen dabei aber Kompromisse ein – in dem vorliegenden Beispiel etwa das Treffen mit einer Prostituierten, das zwar ebenfalls als grundsätzlich unmoralisch (Über-Ich) wahrgenommen wird, allerdings weniger unmoralisch als die Alternativen, die zur Befriedigung des Sexualtriebs (Es) führen könnten.

Die Formulierung, dass wir nicht Herr im eigenen Haus seien, mag ein wenig drastisch sein, schließlich haben die meisten Menschen gelernt, ihre Triebe zu unterdrücken, wenn diese im Widerspruch zu den Regeln unserer Zivilisation stehen. Wir erledigen unsere Notdurft schließlich nicht einfach auf der Straße, auch wenn wir einen großen Drang verspüren, sondern suchen die nächste Toilette auf. Auch wissen wir, dass es gesellschaftlich nicht akzeptiert ist, einen anderen Menschen zu schlagen, auch wenn er etwas Unangemessenes gesagt hat oder einem mit seinem Auto die Vorfahrt genommen hat. Wir sind auch hier in der Lage, unsere Triebe zu unterdrücken und die Aggression anderweitig zu kanalisieren.

Unterdrückung von Trieben führe jedoch, so Freud, zu psychischen Krankheiten. Die Verdrängung sei ein typischer Mechanismus, mit derartigen Trieben und gesellschaftlich nicht geachteten Wünschen umzugehen, auf Dauer könne sie den Menschen jedoch krank machen. Leben wir unsere Triebe aber aus, kommt es unter Umständen zu kognitiven Dissonanzen, was vorhin anhand des Beispiels des fremdgehenden Ehemanns verdeutlicht wurde. Er befriedigt seinen Sexualtrieb in einem Bordell, kann aber gleichzeitig sein Selbstverständnis eines treuen Ehemannes so nicht aufrechterhalten. Sowohl die Unterdrückung des Triebes als auch seine Auslebung können also zu Problemen führen.

Doch was bedeutet das in der Praxis? Handeln wir immer falsch, egal, was wir tun? Die klare Antwort lautet Nein, denn weder die Verdrängung noch die kognitive Dissonanz müssen zwingend zum Problem werden, solange man sich dieser bewusst ist und in ausreichendem Maße reflektieren kann. Vielleicht ist ein von uns empfundener Widerspruch gar nicht so widersprüchlich, wie es auf den ersten Blick scheint; oder vielleicht glauben wir nur, dass es keine Lösung für unseren inneren Konflikt gibt. Tatsächlich wäre die kognitive Dissonanz jedoch aufzulösen, wenn wir den richtigen Mechanismus dafür kennen würden.

All diese Probleme können nämlich mithilfe des Sokratischen Dialogs angegangen werden. Daher sollten wir an dieser Stelle einen kleinen Exkurs in die Psychologie und insbesondere in die Kognitionswissenschaft wagen. Keine Sorge, dieser Exkurs wird nicht zu theoretisch und setzt kein abgeschlossenes Psychologie-Studium voraus. Entscheidend ist nur, dass Sie verstehen, in welchem Feld wir uns bewegen, wenn es um die konkrete Anwendung des Sokratischen Dialogs geht.

Die kognitive Umstrukturierung wird in der Literatur häufig in fünf verschiedene Phasen unterteilt:

1. Die Vermittlung des kognitiven Modells (an den Klienten)

2. Die Aufdeckung von dysfunktionalen Kognitionen in einer konkreten Problemlage

3. Die Infragestellung dieser dysfunktionalen Kognitionen

4. Die Erarbeitung von angemessenen/funktionalen Kognitionen

5. Die Einübung der funktionalen Kognitionen konkreter Problemlagen als Mittel zur Problembewältigung

Gehen wir diese Punkte Schritt für Schritt durch:

Vermittlung des kognitiven Modells

Kognitionswissenschaftler und Therapeuten sind sich allesamt einig, dass dieser Schritt von enormer Bedeutung ist und unbedingt als erster Schritt einer Therapie erfolgen sollte. Der Klient muss seine eigene Denkweise verstehen und reflektieren. Ihm muss klar sein, dass sein alltägliches Denken nicht frei von logischen Fehlern oder Widersprüchen ist. Zudem soll dem Klienten in diesem Schritt deutlich gemacht werden, dass seine Gedanken eine große Kraft entfalten können, im positiven und auch im negativen Sinne.

Das A-B-C-Modell

Das kognitive Modell wird auch als A-B-C-Modell beschrieben, wobei die drei Phasen einer emotionalen Verhaltensreaktion mit diesen drei Buchstaben gekennzeichnet werden.

- A beschreibt dabei einen Vorfall oder die Handlung eines anderen;
- B sind die eigenen Gedanken und Emotionen und
- C beschreibt die Reaktion.

A: Vorfall oder Handlung eines anderen

Nehmen wir ein simples Beispiel. Sie treffen eine Bekannte beim Spazierengehen auf einer Einkaufsstraße. Die Bekannte begrüßt Sie mit den Worten: „Oh, du siehst heute aber gut aus." Dieser Satz wäre im kognitiven Modell also A – die Bekannte handelt, indem sie Ihnen gegenüber anspricht, dass Sie heute aber sehr gut aussehen.

B: Eigene Emotionen und Gedanken dazu

Im Anschluss beginnen Sie, zu überlegen, warum die Bekannte Ihnen das sagt: „Was meint sie mit heute und dem aber? Sehe ich sonst wohl nicht gut aus? Sonst sehe ich wohl immer sch* aus oder was? Etc. ..." All diese Gedankengänge fallen unter Punkt B: Sie überlegen für sich und beginnen, sich tiefere Gedanken zu machen. Dabei kommen Sie um eine Interpretation nicht herum, es sei denn, Sie fragen die Bekannte gezielt, was sie mit der Aussage meint.

C: Verhaltensreaktion

Erst jetzt folgt Schritt C: die *Verhaltensreaktion*. Sie sind einerseits verärgert und sauer auf Ihre Bekannte, weil diese Sie in Ihren Augen beleidigt hat. Auf der anderen Seite fühlen Sie sich verunsichert. Sie überlegen, ob Sie wirklich sonst nicht gut aussehen, unattraktiv wirken etc.

Alternativszenario

Zurück zu B: Eigene Emotionen und Gedanken dazu

Im Anschluss beginnen Sie, zu überlegen, warum die Bekannte Ihnen das sagt: „Das ist aber nett, dass ihr aufgefallen ist, dass ich heute besonders gut ausschaue! ..."

Alternatives C: Verhaltensreaktion

Sie freuen sich über das Kompliment und fühlen sich heute besonders attraktiv.

➔ Sie sehen: Sie sind für Ihre eigenen Gedanken und auch Gefühle verantwortlich, nicht Ihre Mitmenschen.

Im Normalfall würden wir sagen, dass A direkt zu C führt. Wenn Ihr Partner Sie fragt, warum Sie sauer sind, würden Sie vermutlich antworten: „Die Aussage meiner Bekannten hat mich getroffen/beleidigt."

Das kognitive Modell besagt etwas anderes: Es ist nicht etwa die Aussage Ihrer Bekannten, die Sie getroffen hat, sondern Ihre *eigenen Gedanken*. Erst Ihre Interpretation und das, was Sie aus der Aussage herauszulesen glauben, sorgt für Ihre negativen Gedanken und Ihre Verunsicherung in Bezug auf Ihr Gewicht. Das Schema lautet also nicht A – C, sondern A – B – C. Denn schließlich ist die Aussage A erst einmal nichts weiter als eine sachliche Feststellung. Vielleicht wollte Ihre Bekannte Sie sogar loben. Vielleicht waren Sie früher, während der Schulzeit, als sie sich kennengelernt haben, stark untergewichtig und die Aussage ist tatsächlich als Kompliment zu verstehen, nach dem Motto: „Gut siehst du aus, endlich hast du Normalgewicht." Sicher kann man die Aussage in diesem Beispiel leicht falsch verstehen und als Beleidigung oder Kränkung auffassen, aber zur tatsächlichen Kränkung wird sie erst durch die eigenen Gedanken.

Dies zu verstehen, ist eine wichtige Voraussetzung für den weiteren Ablauf der Therapie. In einem Sokratischen Dialog kann der Therapeut zum Beispiel durch Fragen versuchen, herauszuarbeiten, dass die Gefühle (C) aus den Gedanken (B) folgen. Der Therapeut kann den Klienten dazu anregen, seine eigenen Gedankengänge und Interpretationen des Gesagten zu hinterfragen. In dem Moment, in dem der Klient versteht, welche große Rolle seine Gedanken im Kognitionsprozess spielen, kann er sich besser darauf einlassen, seine Gedanken zu reflektieren. Daher ist das Verständnis des A-B-C-Modells essentiell für den Einstieg in die Therapie.

Aufdeckung dysfunktionaler Kognitionen

Im zweiten Schritt werden die dysfunktionalen Kognitionen aufgedeckt. Im besprochenen Beispiel des Zusammentreffens würden wir von einer Dysfunktionalität sprechen, denn die Kognition führt dazu, dass Sie sich schlechter fühlen. Der Therapeut deckt nun, erneut durch das Mittel der Fragestellung, diese Kognitionen in ihrer Gesamtheit auf – also sowohl in Bezug auf den konkreten Fall / das konkrete Problem als auch grundlegend.

Im vorliegenden Beispiel würde also im ersten Schritt gefragt werden, warum aus der Aussage „Du hast ja ein bisschen zugenommen" die entsprechenden Gedanken folgen.

Warum denken Sie, dass man Sie beleidigen möchte, oder warum fassen Sie diese Aussage überhaupt negativ wertend auf und nicht einfach bloß als neutrale Tatsachenbeschreibung?

Womit wir bereits beim Übergang zum zweiten Schritt wären: den allgemeinen Grundannahmen und Strukturen, die Ihrem Denken zugrunde liegen.

Sind Sie unsicher in Bezug auf Ihr Äußeres?

Welche Gründe hat das?

Wurden Sie in der Vergangenheit für Ihr Äußeres kritisiert oder gehänselt oder haben Sie unter Umständen unrealistische Vorbilder, wie zum Beispiel Claudia Schiffer, und sind deshalb stets verunsichert, da Sie dem angestrebten Schönheitsideal nicht entsprechen können?

Spielt das Gewicht dabei eine zentrale Rolle?

Hatten Sie bereits des Öfteren mit Gewichtsproblemen (Über- oder Untergewicht) zu kämpfen?

Der Fragenkatalog könnte endlos erweitert werden und ergibt sich zu einem großen Teil auch aus der Dialogsituation heraus. Mit dieser Dekonstruktion oder Aufdeckung Ihrer dysfunktionalen Kognitionen ist ein großer Schritt zur *Selbsterkenntnis* im Sinne Platos getan. Sie erkennen, dass Ihre eigene Gefühlswelt eine Belastung sein kann, wenn negative Gefühle (re)produziert werden.

Um auslösenden Situationen (A) künftig vorzubeugen, werden 3 Schritte angewandt:

1. Exploration der Situation (A):

Zunächst wird die konkrete Situation genau besprochen und analysiert. Die Grundfrage des Therapeuten lautet häufig:

„Was genau ist vorgefallen?"

„Was ist der Grund für Ihren Ärger / Ihre Wut / Traurigkeit / Angst etc.?"

Daraufhin beschreiben Sie die Situation, die eine negative Kognition in Ihnen ausgelöst hat, etwa der Kommentar in Bezug auf Ihr Gewicht oder auch der Tadel eines Vorgesetzten auf der Arbeit: „Ich hatte Sie doch gestern bereits gebeten, mir ein Portfolio zusammenzustellen, und heute ist es noch immer nicht fertig." Der Klient sollte die Situation so exakt wie möglich beschreiben. Auch das Umfeld und der Kontext können eine Rolle spielen. *Waren zum Beispiel andere Personen anwesend?* Dies könnte bereits einen Erklärungsansatz liefern, denn unter Umständen war es nicht das Problem, dass Ihr Chef Sie angesprochen hat, sondern dass andere Kollegen dabei waren. Sie fühlten sich also eigentlich nicht kritisiert, sondern bloßgestellt oder vorgeführt. Versuchen Sie, wenn Sie in der Rolle des Klienten sind, so detailliert und präzise wie möglich zu beschreiben. Nur so kann der Therapeut die Situation wirklich verstehen. Als Therapeut wiederum ist es Ihre Aufgabe, so lange nachzufragen, bis Sie das Gefühl haben, die Situation verstanden zu haben.

2. Exploration der bestehenden Gefühle und Verhaltensweisen (C):

Im zweiten Schritt beschreibt der Klient seine Reaktion auf die erlebte Situation. Diese können psychischer (z. B. Traurigkeit, Niedergeschlagenheit, Wut) oder auch physischer (z. B. Zittern, Herzrasen) Natur sein. Der Therapeut fragt hier im Regelfall *„Können Sie beschreiben, wie Sie sich in dieser Situation gefühlt haben?"*, unter Umständen gefolgt von Nachfragen:

„Können Sie diesen Zustand näher beschreiben?"

„Sie haben gesagt, dass Sie wütend waren. Wie genau sieht es aus, wenn Sie wütend sind? Wie äußert sich das?"

Ein weiterer wichtiger Aspekt ist die Ergründung des sogenannten *Symptomstresses.* Manche Klienten neigen dazu, wiederum eine Reaktion auf ihre Symptome zu entwickeln, etwa Ärger darüber, dass man sich vor etwas fürchtet, auch wenn es rational betrachtet keinen Grund dafür gibt. Stellen Sie sich vor, Ihr Vorgesetzter auf der Arbeit bittet Sie, eine Aufgabe zu übernehmen, die Sie jedoch aufgrund fehlender zeitlicher Kapazitäten eigentlich nicht übernehmen können. Sie haben bereits zu viel zu tun und Ihr Überstundenkonto ist reichlich gefüllt – dennoch übernehmen Sie die Aufgabe, da Sie die (vermutlich irrationale) Angst haben, Sie könnten sonst Ihren Job verlieren. Die Angst, den Job zu verlieren, ist eine dysfunktionale Kognition, die Sie dazu bringt, sich zu viel Arbeit aufhalsen zu lassen; wenn Sie sich im Nachhinein dann auch noch über Ihre Angst ärgern und wütend auf sich selbst sind, getreu dem Motto „Ich dumme Kuh habe mir schon wieder mehr Arbeit aufdrücken lassen, bloß weil ich so ängstlich bin", kommt eine zweite negative Kognition hinzu. Ein weiteres klassisches Gefühl ist das Schamgefühl, zum Beispiel bei einer Abhängigkeit (Alkohol, Medikamente, Spielsucht) oder auch bei psychischen Symptomen, wie erhöhtem Stress, mangelnder Belastungsfähigkeit oder depressiven Verstimmungen. Der Sokratische Dialog hilft auch hier bei der Reflexion. Sie erhalten die Möglichkeit, sowohl über Ihre Verhaltensweisen als auch über den möglicherweise folgenden Symptomstress nachzudenken und sich deren Unsinnigkeit bewusst zu werden.

3. Exploration der Ziele:

In den ersten beiden Phasen haben wir die Situationen reflektiert, in denen es zu bestimmten Verhaltensweisen *kommt*, und im zweiten Schritt sind wir auf die Verhaltensweisen und Symptome selbst eingegangen. Wir haben also festgestellt, was Ihnen schadet und wie sich dieser Schaden äußert. Doch die alleinige Erkenntnis des Problems ist noch keine Lösung. Daher sollten Sie sich Ziele setzen, die konkrete Veränderungen beinhalten. Dabei muss der Klient sich darüber im Klaren sein, was er verändern möchte und was er imstande oder bereit ist, dafür zu tun. Der Therapeut hat als Dialogpartner die Aufgabe, den Klienten zu stimulieren, sodass dieser intensiv über seine Ziele nachdenkt – formulieren muss er sie jedoch selbst. Ähnlich wie bei einem Suchtkranken muss der Wille zur Überwindung negativer, dysfunktionaler Kognitionen aus der betroffenen Person selbst heraus kommen. Im besten Fall halten Sie das Ergebnis dabei schriftlich fest. Formulieren Sie aus, welche Gefühle und welche Reaktionen Sie besonders beeinträchtigen und wie Sie diese verändern möchten. Ebenfalls können Sie in diesem Schritt definieren, welche Gefühlsreaktionen Ihnen nicht oder kaum spürbar schaden. Gewisse Stressreaktionen können zum Beispiel auch produktiv sein. So gibt es Menschen, die gerne unter einem gewissen Zeitdruck arbeiten, weil sie nur so ihre optimale Leistung erbringen können. Zwar machen sich der Druck und der damit einhergehende Stress sicherlich bemerkbar, wenn dies jedoch als produktivitätssteigernd und nicht als belastend wahrgenommen wird, gibt es keinen Grund, diese Verhaltensreaktion zu bekämpfen. Generell geht es darum, negative Gefühle und Verhaltensweisen über Bord zu werfen und neue, zielführendere Verhaltensweisen zu etablieren.

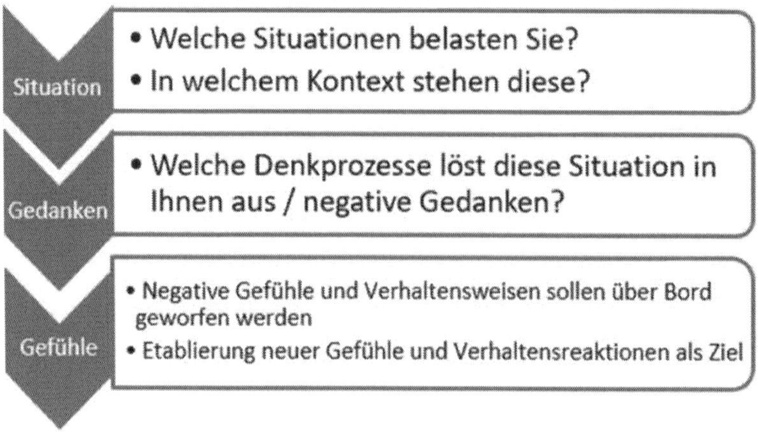

4. Exploration der Kognitionen, die zu Verhaltensreaktionen führen:

Der wohl schwierigste Schritt umfasst die Reflexion und die Exploration der eigenen Gedankenwelt. Der Klient muss sich an dieser Stelle öffnen, man könnte sogar *offenbaren* sagen. Der Therapeut kann Fragen wie folgende stellen:

„Welche Gedanken gingen mit dem für Sie als negativ empfundenen Gefühl einher?"

„Sie sagen, dass Sie Ihre Verhaltensreaktionen verändern möchten. Welche Gefühle begleiten diese Reaktionen?"

Gefühle sind bisweilen schwierig zu beschreiben, dennoch sollten die Fragen möglichst offen gestellt werden. Es bringt nichts, dem Klienten etwas in den Mund zu legen. Bei der Exploration der Kognitionen erforscht der Klient sozusagen das Unbewusste, den Bereich seines Inneren, in dem wir, um wieder zu Freud zurückzukehren, nicht Herr im eigenen Haus sind. Dabei geht es hauptsächlich um die Frage nach dem *Warum*. Kommen wir wieder zu dem Beispiel der Mitarbeiterin, die aus Angst vor Kündigung zu viel Arbeit annimmt, zurück. Der Therapeut hilft dieser Klientin bei der Reflexion, indem er beispielsweise fragt: „Warum haben Sie nicht abgelehnt? Was hat Sie daran gehindert, das zu sagen, was Sie gerne sagen wollten?" Da die Angst des Jobverlustes nicht rational begründbar ist, muss es einen anderen Grund für diese Angst geben. Dieser soll durch die Exploration der Kognitionen herausgearbeitet werden. Ist es im Grunde vielleicht die Angst, zu versagen, oder die Angst, nicht wertgeschätzt / respektiert / gemocht zu werden? Welche Gefühle liegen unter dem Deckmantel unserer eigenen Kognition? Warum denken Sie, dass Ihre Bekannte Sie beleidigen will, wenn sie auf Ihr Gewicht zu sprechen kommt? Weil Sie insgeheim Angst haben, nicht akzeptiert zu werden, wenn Sie nicht „perfekt" sind? Durch die Fragestellungen des Sokratischen Dialogs können wir den Antworten auf diese Fragen ein großes Stück näher kommen. Dabei benötigt man vor allem Geduld und Einfühlungsvermögen. So philosophisch-intellektuell der Sokratische Dialog von seiner Konzeption her wirken mag, so viel Empathie erfordert er auf der anderen Seite. Schließlich dringen Sie als Dialogpartner tief in die Psyche eines anderen Menschen ein. Fragen Sie daher behutsam und versuchen Sie, zu erkennen, bis zu welchem Punkt der Klient bereit ist, sich zu öffnen.

Schwierigkeiten bei der Exploration der Gefühle

Wie bereits gesagt, spielen sich viele Denkprozesse in unserem Hirn automatisch ab. Sie sind erlernt und über Jahre, teilweise Jahrzehnte, hinweg eingeübt. Oder anders gesagt: Wir sind entsprechend *konditioniert*. Daher kann eine Reflexion dieser Prozesse enorm schwierig sein. Denn sind wir ehrlich zu uns selbst, werden wir zugeben müssen, die meisten unserer Gefühle nicht erklären zu können. Warum fühlen wir uns nachts im Park oder in einer Seitenstraße unwohl, obwohl wir noch nie eine unangenehme Situation zu dieser Zeit oder an diesem Ort durchlebt haben? Warum fürchten sich manche Menschen vor zu vielen Einwanderern aus fremden Ländern, obwohl sie selbst in Regionen leben, in denen der Anteil der Bevölkerung mit Migrationshintergrund im Promillebereich zu verorten ist? Warum fühlen sich so viele Menschen einem Profifußballverein zugehörig und identifizieren sich mit Spielern, die durch ihre Millionengehälter und ihre Popularität mit der Lebensrealität der meisten Menschen nichts gemeinsam haben? All diese weit verbreiteten Phänomene lassen sich auf den ersten Blick nicht rational erklären – wir können nicht genau bestimmen, woher diese Gefühle kommen, sie sind *„eben einfach da"*, doch genau mit dieser Antwort kann sich der Therapeut nicht zufriedengeben. Daher gibt es verschiedene Methoden, um den Denk- und Reflexionsprozess zu steuern und gegebenenfalls zu intervenieren, falls der Klient mit seinen Explorationen nicht weiterkommt:

Das Rollenspiel:

Sie versetzen sich durch ein Rollenspiel in eine synthetische, das heißt künstliche, Situation hinein. Dabei kann insbesondere der Rollentausch zum Erkenntnisgewinn führen. In dem von uns betrachteten Beispiel stellen der Therapeut und die Klientin die Situation im Büro nach. Dabei spielt die Klientin nicht sich selbst, sondern ihre Chefin. Der Therapeut versetzt sich in die Rolle seiner Klientin hinein, die gerade neue Arbeit aufgedrückt bekommt. Er fragt die Klientin, die ja nun die Chefin spielt: „Wie soll ich reagieren? Was soll ich tun?" Die Klientin muss, um dem Therapeuten quasi die passenden „Regieanweisungen" zu geben, ihre eigene Gefühlslage reflektieren.

„Wie müsste er handeln, um mich selbst authentisch zu verkörpern?"

Imaginationsübungen:

Eine klassische Methode der Verhaltens- und Psychotherapie ist es, sich in eine imaginäre Situation hineinzuversetzen. „Stellen Sie sich vor, Sie sind im Büro. Sie sitzen an Ihrem Schreibtisch und erledigen Ihre Arbeit. Was denken Sie? Wie fühlen Sie sich?" Durch diese imaginäre Situation werden Erinnerungen an sehr reale Situationen geweckt, die Situation wird jedoch detaillierter besprochen, als man sie üblicherweise im Alltag wahrnimmt. Normalerweise reflektieren wir Standardsituationen unseres Alltags nicht, während wir sie durchleben. Die Imaginationsübung bietet genau diese Möglichkeit. Wir durchleben die Situation Schritt für Schritt und reflektieren dabei einzelne Handlungen, die uns unbedeutend erscheinen. Vielleicht geht es der Klientin in diesem Beispiel durchaus gut, wenn sie ihr reguläres Arbeitspensum erledigen kann, der Stress tritt erst dann auf, wenn eine situative Überlastung erfolgt. An welchem Punkt diese erreicht ist, kann durch die Imagination gut herausgearbeitet werden.

„Nun kommt Ihre Chefin ins Büro. Was denken Sie? Haben Sie eher positive oder negative Gefühle?"

„Sie bekommen eine neue Aufgabe zugeteilt ... Was geht in Ihrem Kopf vor?" etc.

Satzergänzung:

Ebenfalls wertvoll kann die Methode der Satzergänzung sein. Der Therapeut formuliert den Beginn eines Satzes, die Klientin muss diesen dann beenden.

„Ich fahre morgens ins Büro und denke ..."

„Wenn ich meine Chefin beschreiben müsste, würde ich sagen ..."

„Wenn mich jemand fragt, wie wohl ich mich auf meiner Arbeit fühle, sage ich ..."

Dabei werden Gefühle und Gedanken ausformuliert, die sonst nur unterschwellig in uns sind und die wir selten artikulieren. Allein das bewusste Aussprechen gewisser Tatsachen kann eine therapeutische Wirkung entfalten.

A-B-C-Schema:

Wir haben bereits ausführlich über das A-B-C-Schema gesprochen. Unter Umständen kann es hilfreich sein, wenn der Therapeut dieses in eben jener schematischen Form mit seiner Klientin durchspricht. Am besten fängt man mit A an, geht dann zu C und reflektiert am Ende B (man könnte also auch vom A-C-B-Schema sprechen). Denn üblicherweise folgt nach unserem Verständnis auf A meist C, also auf die Handlung eines anderen erfolgt unsere emotionale Verhaltensreaktion. *Die Bekannte spricht mich auf mein Gewicht an – deshalb bin ich gekränkt.* Der Zwischenschritt B wird von vielen übersehen. Erst, wenn er deutlich benannt werden kann, kann er auch reflektiert werden.

Zeitreflexion:

„Wir leben in einer Krisenzeit" ist eine häufig gestellte Diagnose, die sowohl durch Politiker und Journalisten als auch durch Wissenschaftler und Aktivisten vermittelt wird. Gefühlt leben wir seit einigen Jahren in einem Zustand der Dauerkrise. Erst beschäftigten wir uns zwei Jahre lang mit einem neuartigen Virus, das unser alltägliches Leben massiv einschränkte, nun erreichen uns fast täglich neue Meldungen des Krieges in der Ukraine und nebenbei gab es mediale Phänomene, wie den ehemaligen US-Präsidenten Donald Trump oder Verschwörungstheoretiker, Nationalisten und Rechtsradikale, die in parlamentarischen Demokratien ungeahnte Erfolge erzielen, und die Fußballweltmeisterschaft in Katar führte den Sport ab absurdum. Und hierbei sprechen wir bloß von temporären Phänomenen, dauerhafte Bedrohungen wie den Klimawandel klammern wir hierbei schon aus. Dieser *Dauerzustand Krise* ist alles andere als gesund für die Psyche der meisten Menschen, erst recht derer, die ohnehin angreifbarer sind und zu den medial vermittelten (angeblichen) Krisen auch eigene private Krisen durchleben müssen, zum Beispiel eine Trennung vom Lebenspartner, einen Jobwechsel oder -verlust oder die Erhöhung der ohnehin schon teuren Miete. Die Medienlandschaft und hierbei insbesondere die sozialen Medien potenzieren diesen erlebten Krisenmodus und lassen uns so nicht zur Ruhe kommen. Es kann daher hilfreich sein, die Zeit, in der wir leben, zu reflektieren.

> Was macht unsere aktuelle Zeit aus und welche Krisen betreffen uns wirklich, welche sind medial gemacht und welche können wir in unserem Alltag vollkommen ausblenden?

Insbesondere Letzteres kann einen wertvollen Beitrag zur mentalen Gesundheit liefern. Schalten Sie die Medien ruhig einmal ab, lesen Sie nicht jeden Artikel, der Ihnen von der nächsten Krise oder Katastrophe berichtet, sondern beschränken Sie sich auf die für Sie relevanten Informationen. Viele Psychologen empfehlen nicht umsonst eine *Mediendiät* zur Verbesserung der psychischen Gesundheit als Pendant zur klassischen Diät zur Verbesserung der körperlichen Gesundheit. Bedenken Sie die Zeit, in der Sie leben, mit und fragen Sie sich, bis zu welchem Punkt Sie sich den Krisen dieser Zeit entziehen können. Vielleicht ergeben sich bestimmte negative Kognitionen ja daraus, dass Sie sich in einem permanenten Krisenmodus befinden und dementsprechend eine grundsätzlich negative oder fatalistische Haltung entwickelt haben.

Wiederholung:

Manchmal sind simple Lösungen die effektivsten. Wer hat nicht schon einmal an seinem Computer gesessen und durch hunderte komplizierte Schritte versucht, ein technisches Problem zu lösen, welches letzten Endes durch einen Neustart des Computers behoben werden konnte? Ähnlich simpel verhält es sich mit der Wiederholung – es kann jedoch durchaus sinnvoll sein, immer wieder dieselbe Fragestellung zu wiederholen. Fragen wie

„Wie fühlen Sie sich dabei?“ oder *„Was genau ist hier das Problem?“*

können immer und immer wieder gestellt werden, bis der Therapeut das Gefühl hat, den Klienten durch und durch verstanden zu haben. Zu viel Reflexion gibt es dabei nicht – je mehr wir reflektieren und über uns selbst nachdenken, desto gewinnbringender.

Aufzeichnung von dysfunktionalen Gedanken nach Beck & Harrison

Die US-amerikanischen Kognitionspsychologen Beck und Harrison empfehlen in einem 1982 publizierten Fachartikel eine Methode zur Aufzeichnung von dysfunktionalen Gedanken in tabellarischer Form. Diese Tabelle kann als eine Art Tagebuch angesehen werden, mit dessen Hilfe Patienten im Alltag belastende Situationen aufzeichnen können. Durch den Prozess des Schreibens erfolgt bereits eine Auseinandersetzung/Reflexion mit dem Geschriebenen und somit auch mit den Gedanken und Gefühlsreaktionen selbst. Schematisch lässt sich die Tabelle wie folgt darstellen:

	Situation	**Emotion(en)**	**Automatische Gedanken**	**Rationale Reaktion**	**Fazit**
Datum	Beschreiben Sie das Ereignis, welches zu Ihren unangenehmen Gefühlen geführt hat.	1. Geben Sie die einzelnen empfundenen Gefühle an: 2. Schätzen Sie die Stärke des Gefühls auf einer Skala von 1 bis 10 ein.	1. Schreiben Sie den automatischen Gedanken auf, der Ihren Gefühlen vorausging: 2. Bewerten Sie den Grad Ihrer Überzeugtheit von diesen Gedanken prozentual.	1. Schreiben Sie eine rationale Reaktion auf Ihre automatischen Gedanken auf: 2. Bewerten Sie den Grad Ihrer Überzeugtheit von dieser Reaktion prozentual.	1. Schätzen Sie abermals den Überzeugungsgrad von ihren automatischen Gefühlsreaktionen prozentual ein: 2. Geben Sie nun Ihre aktuellen Gefühle an, bewerten Sie auch diese in Prozent.
01.01.23	Eine Bekannte hat geäußert, dass ich an Gewicht zugenommen habe.	1. traurig, verunsichert. 1 | 2 | 3 | 4 | 5 | 6 | 7 ✖ | 8 | 9 | 10	1. Sie nimmt mich als unattraktiv wahr oder will mir vermitteln, dass ich unattraktiv bin: 60 %	1. Ich hätte sie wahrscheinlich fragen sollen, wie sie es meint oder warum sie es sagt. Vielleicht war sie nur ungeschickt oder meinte es sogar als Kompliment: 85 %	15 %: 2. hoffnungsvoll, leicht ermuntert: 45 %

(Beck & Harrison, 1982)

Vorlage:

	Situation	Emotion(en)	Automatische Gedanken	Rationale Reaktion	Fazit
Datum	Beschreiben Sie das Ereignis, welches zu Ihren unangenehmen Gefühlen geführt hat.	1. Geben Sie die einzelnen empfundenen Gefühle an: 2. Schätzen Sie die Stärke des Gefühls auf einer Skala von 1 bis 10 ein.	1. Schreiben Sie den automatischen Gedanken auf, der Ihren Gefühlen vorausging: 2. Bewerten Sie den Grad Ihrer Überzeugtheit von diesen Gedanken prozentual.	1. Schreiben Sie eine rationale Reaktion auf Ihre automatischen Gedanken auf: 2. Bewerten Sie den Grad Ihrer Überzeugtheit von dieser Reaktion prozentual.	1. Schätzen Sie abermals den Überzeugungsgrad von Ihren automatischen Gefühlsreaktionen prozentual ein: 2. Geben Sie nun Ihre aktuellen Gefühle an, bewerten Sie auch diese in Prozent.
		1 | 2 | 3 | 4 | 5 | 6 | 7 | 8 | 9 | 10			

INFRAGESTELLUNG DYSFUNKTIONALER KOGNITIONEN

Wir haben somit die dysfunktionalen Kognitionen aufgedeckt und erkannt. Doch die Erkenntnis alleine sorgt noch keineswegs für Veränderung. Daher müssen im zweiten Schritt die soeben erkannten Kognitionen infrage gestellt werden. Der Prozess der Infragestellung ist zentral für die Bekämpfung der Ursache Ihrer Probleme und somit essentieller Bestandteil einer jeden Kognitionstherapie. Vielleicht fragen Sie sich nun, warum die Infragestellung derart exponiert, also beleuchtet, wird. Ist es nicht selbstverständlich, eine Kognition infrage zu stellen, wenn man sie als dysfunktional, also als schädlich für die eigenen Psyche erkannt hat?

In unserem alltäglichen Leben lassen sich viele Beispiele finden, die das Gegenteil belegen. Nehmen Sie etwa eine Schülerin oder einen Studenten, der ständig prokrastiniert, also die zu erledigenden Aufgaben so lange vor sich herschiebt, bis es (fast) zu spät ist und alle Aufgaben in letzter Sekunde erledigt werden müssen. Jeder weiß, dass das Aufschieben von Aufgaben und Arbeiten, mögen sie auch noch so unangenehm sein, nicht dazu führt, dass man sie umgehen kann. Es wäre also am besten, sie so schnell wie möglich anzugehen, um sich im Anschluss angenehmeren Aufgaben widmen zu können. Dennoch wird genau dies oftmals nicht getan, sondern die betroffenen Menschen prokrastinieren immer wieder aufs Neue, obwohl sie die negativen Konsequenzen ihres Handelns kennen und bei rationaler Betrachtung durchaus in der Lage sind, sie zu reflektieren.

Ähnlich kann es sich in Paarbeziehungen verhalten. Er weiß genau, dass es sie stört, wenn er seine Kaffeetasse auf dem Couchtisch stehen lässt. Er weiß auch, dass es zu einer Diskussion, respektive einer Auseinandersetzung, kommen wird, wenn er es tut und sie ihn daraufhin abermals auffordert, seine Tasse wegzuräumen. Die einfachste Lösung wäre, die Tasse tatsächlich in die Spülmaschine zu räumen, doch er lässt sie erneut stehen; sie wiederum weiß ebenfalls, dass es zum Streit kommt, wenn sie ihn auf die Tasse anspricht. Sie könnte sich also zurückhalten und die Tasse widerwillig selbst in die Spülmaschine räumen, was zwar einen Arbeitsschritt mehr, dafür einen Streit weniger bedeuten würde. Doch auch sie wird zum wiederholten Male das tun, was zuvor stets zum Streit geführt hat, und so streiten sich beide erneut um dasselbe Thema, ohne ansatzweise einen Erkenntnisgewinn zu verbuchen.

Wir könnten an dieser Stelle etliche weitere Beispiele auflisten, seien es das notorische Zuspätkommen, irrationale Ängste vor der Dunkelheit, vor Hunden, im Flugzeug und wiederholter übermäßiger Alkoholkonsum, der am nächsten Tag zu Unwohlsein führt. Das reine Wissen, oder um es mit Sokrates auszudrücken, die reine *Erkenntnis*, dass etwas schlecht ist, bewegt uns also noch nicht dazu, etwas an diesem schädlichen Verhalten zu ändern. Daher spricht man beim Prozess der Infragestellung auch von *Disputation* – ein Disput, also eine Auseinandersetzung, ist notwendig, um den ersten Schritt zur Verabschiedung dysfunktionaler Kognitionen zu gehen. Voraussetzung dessen ist, dass sowohl der Therapeut als auch der Patient das A-B-C-Modell anerkennen. Dem Schüler oder Studenten, der sich durch sein ständiges Aufschieben und Prokrastinieren selbst schadet, kann der Therapeut also helfen, indem er ihm aufzeigt, dass das Verhalten keineswegs zielführend ist. Stattdessen können neue Kognitionen eingeübt werden, die dazu führen, dass der Schüler seine Aufgaben direkter angeht und die negativen Gedanken, Ängste und Sorgen, die ihm bei der Bearbeitung der Aufgaben durch den Kopf gehen, als irrational erkennt und somit verwerfen kann. Neue Kognitionen können erst dann etabliert werden, wenn die alten, belastenden Kognitionen überwunden wurden.

Insbesondere der Patient also benötigt die Einsicht, dass es seine Gedanken und Gefühle sind, die einen Impuls von außen zu einer negativen Kognition werden lassen. Ist diese Erkenntnis im Patienten gereift und erkennt auch der Therapeut diese an, kann die Infragestellung beginnen.

ⓘ

Information: Disputation

Wir wissen bereits, dass das Ziel des Sokratischen Dialogs der Erkenntnisgewinn beim Klienten ist. Es geht darum, sein eigenständiges Denken und Reflektieren zu fördern. Ein wichtiges Mittel hierzu ist die Infragestellung durch den Dialogpartner. Daher wird bewusst ein *Disput* ausgelöst, also ein „Streit", in dessen Verlauf der Klient über seine dysfunktionalen Kognitionen nachdenkt. Der Disput sollte keinesfalls emotional geführt werden, sondern stets auf einer logischen und argumentbasierten Ebene ablaufen. Klassischerweise unterscheidet man zwischen drei Arten der Disputation:

1. Die logische Disputation: Es werden logische Widersprüche im Denken des Klienten aufgedeckt, zum Beispiel, indem man ihm das A-B-C-Modell vermittelt („aus A folgt nicht C, das ist unlogisch"). Logische Disputationen zielen meist auf Denkfehler und falsche Schlussfolgerungen ab („Was ich bisher nicht geschafft habe, schaffe ich in Zukunft auch nicht", „Weil mein Chef mich nie explizit lobt, schätzt er mich und meine Arbeit nicht" etc.).

Beispiel: „Ich mache immer alles falsch" / „Was meinen Sie mit immer? Können Sie mir kein einziges Beispiel aus Ihrem Leben nennen, wo Sie etwas richtig gemacht haben?"

2. Die empirische Disputation: Hier weist der Therapeut den Klienten auf eine Diskrepanz zwischen der Wirklichkeit / den Tatsachen und der empfundenen Wirklichkeit hin. Die Gedanken und die Realität weichen hier stark voneinander ab. Oftmals ist dies bei Phobien oder Ängsten der Fall. Flugangst etwa ist ein typisches Beispiel für eine irrationale Angst, denn das Flugzeug ist statistisch gesehen das sicherste Verkehrsmittel der Welt. Dennoch haben mehr Leute Angst im Flieger als zum Beispiel in der Straßenbahn oder im eigenen Auto. Auch die Angst vor dem Verlust des Arbeitsplatzes und Verarmungsängste können irrational sein und mit Fakten widerlegt werden.

Beispiel: „Ich mache immer alles falsch" / „Beruht dieser Gedanke auf Tatsachen? Wenn ich in Ihrem Umfeld nachfrage, würde ich dieselbe Einschätzung erhalten, oder würden mir die Leute in Ihrem Umfeld etwas anderes sagen? Haben Sie Beweise dafür, dass diese Aussage wahr ist?"

3. Die hedonistische Disputation: Bei der hedonistischen Disputation werden Vor- und Nachteile bestimmter Gedankenmuster beleuchtet. Es geht nicht primär darum, die Logik oder die Richtigkeit der Aussage infrage zu stellen, sondern die Prämisse lautet: Unabhängig vom Wahrheitsgehalt der Aussage – bringt uns dieses Denkmuster weiter? Ist es vorteilhaft, anzunehmen, dass man nichts richtig macht, nichts erreichen kann oder dass man mit seinen Vorhaben scheitern wird, oder blockieren uns diese Denkansätze bloß?

Beispiel: „Ich mache immer alles falsch" / „Wie fühlen Sie sich, wenn Sie diese Gedanken haben? Bringt Sie diese Annahme irgendwie weiter oder blockiert sie Sie in Ihrem Alltag?"

(Beck J. S., 2013)

„Erlaubt ist, was hilft"

Wie der Prozess der Infragestellung konkret abläuft, ist individuell sehr verschieden. Die Aufgabe des Therapeuten ist es, sich auf den Patienten als Persönlichkeit einzulassen und zu erkennen, was ihm konkret helfen könnte. Dabei gilt das Motto „Erlaubt ist, was hilft" – ein generelles *Richtig oder Falsch* gibt es hier nicht. Ein klassischer Sokratischer Dialog ist in jedem Fall ein geeignetes Mittel, um den Patienten zur Selbstreflexion anzuregen. Die Fragestellungen im Therapiegespräch können auch durch Techniken des stetigen Nachfragens oder der Satzergänzung erweitert werden, wenn dies situativ angemessen erscheint. Die Interventionsmöglichkeiten des Therapeuten sind jedenfalls zahlreich. Beziehen wir uns an dieser Stelle noch einmal explizit auf den Sokratischen Dialog:

Nehmen wir an, eine Patientin leidet unter Bindungsängsten. Sie hat also das Problem, dass sie in einen angstvollen, beinahe panikhaften Zustand gerät, wenn sie das Gefühl hat, einem Menschen emotional zu nah zu sein (sich an ihn zu binden).

A wäre in diesem Fall eine Handlung des Partners, zum Beispiel der Vorschlag, in eine gemeinsame Wohnung zu ziehen, oder das Ansprechen von Themen wie Familiengründung / langfristige Zukunftsplanung.

C wäre die entsprechende Panikreaktion. Die Patientin wird zunächst davon ausgehen, dass C auf A folgt: „Mein Freund hat mich gestern gefragt, ob wir nicht zusammenziehen wollen. Ich liebe ihn, aber als er das gesagt hat, blieb mir die Luft weg und mein Herz begann plötzlich, zu rasen, nur wegen dieser harmlosen Frage."

B: Der Therapeut hat nun durch seine Fragen die Erkenntnis in der Patientin geweckt, dass B – ihre eigenen Gedanken und Gefühle – die Panikreaktion auslösten und nicht die Frage des Freundes. Nun wird diese Reaktion infrage gestellt.

Therapeut: „Beschreiben Sie die Reaktion so genau wie möglich."

Patientin: „Es schüttelte mich bei dem Gedanken. Ich liebe meinen Freund wirklich und habe auch selbst schon über Familienplanung etc. nachgedacht, aber als er es aussprach, überkam mich eine Angst."

T: „Welche Gedanken hatten Sie in diesem Moment?"

P: „Ich fühlte mich so unfrei – als ob ich in einem Aufzug feststecken würde und nicht mehr herauskomme. Irgendwie eingeengt und beklemmt."

T: „Warum empfanden Sie so?"

P: „Das kann ich Ihnen schwer beantworten. Es ist aber nicht das erste Mal so ... Immer, wenn es in der Liebe zu konkret wird, setzt diese Reaktion bei mir ein."

T: „Ist diese Reaktion begründet?"

P: „Sie meinen, ob mein Freund mich wirklich einengt? Nein, eigentlich nicht. Er lässt mir total viele Freiheiten, wir vertrauen uns gegenseitig."

T: „Würden Sie Ihre Ängste also als rational beschreiben?"

P: „Nein, sie sind wahrscheinlich ziemlich irrational."

T: „Möchten Sie diese Ängste bekämpfen?"

P: „Ja, unbedingt ..."

Auch hier muss erneut der Hinweis erfolgen, dass dieses Gespräch schematisch und exemplarisch zu lesen ist. Es veranschaulicht jedoch, wie durch wenige Fragen der Wunsch nach Veränderung bei der Patientin deutlich wird. Der Sokratische Dialog ist somit als wirkungsvolles Mittel zur kognitiven Umstrukturierung, insbesondere im Prozess des Hinterfragens, anzusehen.

Beschränken Sie sich zunächst stets auf *eine* konkrete Problemsituation. Manche Patienten leiden unter verschiedenen Symptomen, die zwar ihre Ursache in ein und demselben Problem haben können, aber dennoch unterschiedlich ausgeprägt sind. Gehen Sie strukturiert vor – *von einem Problem zum nächsten*. Nur so können Sie sicher sein, dass Sie jedem Problem gleichermaßen gerecht werden und eine Lösung für den Patienten erarbeiten können. Der Bezug zur *konkreten* Problemlage ist dabei unerlässlich.

Der Sokratische Dialog kann bisweilen dazu führen, dass Probleme abstrahiert und verstärkt auf einer philosophischen Ebene wahrgenommen werden. Geholfen werden kann dem Patienten jedoch nur, wenn das Gespräch von der abstrakten wieder auf die konkrete Ebene gebracht wird. Probleme entstehen in der Praxis und müssen deshalb auch praktisch gelöst werden. Der Sokratische Dialog vermag jedoch selbstredend, auch praktische Probleme zu lösen, solange er konsequent auf konkrete Situationen bezogen wird.

Strategien zur Reflexion dysfunktionaler Kognitionen

Es gibt verschiedene Strategien, wie innerhalb eines Sokratischen Dialogs – oder auch eines anders gearteten Therapiegesprächs – eine tiefgreifende Reflexion betrieben werden kann. Bewährte Beispiele sind der Realitätstest, die Re-Attribuierung sowie die Erarbeitung von Alternativen.

1. Realitätstest:

Die Kognition wird einem Realitätstest unterzogen, indem der Therapeut fragt:

„Ist das wirklich / tatsächlich so?" oder

„Woraus schließen Sie das? / Wie kommen Sie zu dieser Einschätzung?"

Mit diesen simplen Fragen wird der Patient angeregt, über seine eigenen Einschätzungen nachzudenken. Gerade bei Ängsten wird die Antwort meist lauten: „Nein, es ist nicht wirklich so. Ich stelle es mir nur vor oder bilde es mir ein." Die Frage des Freundes, ob man nicht zusammenziehen sollte, ist de facto kein Versuch, die Partnerin zu kontrollieren oder einzuengen, sondern kann eher als Liebesbeweis angesehen werden. Zu erkennen, dass die eigenen Gedanken und Gefühle dem Realitätstest nicht standhalten können, ist der erste, grundlegende Schritt zur Besserung. Eine praktische Aufgabe ist hier zum Beispiel das Sammeln von Belegen für und gegen die dysfunktionale Annahme. Wenn der Patient Angst vor Hunden hat, könnte ein Realitätstest lauten: *Gehe durch die Stadt und notiere jede Begegnung mit einem Hund. Notiere, welche Begegnungen davon real bedrohlich waren und welche nicht.* Der Patient wird hier wahrscheinlich feststellen, dass er bei einem Spaziergang durch seine Stadt mehreren Hunden begegnet, die allesamt völlig harmlos sind. Die Datenerhebung kann aber auch in Form einer Befragung erfolgen oder in Form eines Verhaltenstests – etwa wie der Freund in oben genanntem Beispiel reagiert, wenn die Partnerin ihn bittet, jeden Abend eine halbe Stunde völlig alleine verbringen zu können. Billigt er ihr diese Zeit zu, ohne darüber lange zu diskutieren, kann die Angst, er wolle bloß kontrollieren, genommen werden. Der Realitätstest hilft dem Patienten, eine kritische Distanz zu den eigenen Kognitionen aufzubauen.

2. Re-Attribuierung:

Den Prozess der *Zuschreibung* nennt man auch Attribuierung.

ⓘ

Information: Attribuierung

Die *Attribuierung*, oder auch *Attribution* genannt, beschreibt in der Psychologie den Prozess der Zuschreibung bestimmter Eigenschaften (Attribute) zu Personen oder auch Ursachenzuschreibungen im Sinne von Kausalzusammenhängen, also zum Beispiel: Durch das Wirken von Person A hat sich Ereignis B zugetragen. Oftmals ist daher auch von Zuschreibungen oder in der Sozialpsychologie von sozialen Zuschreibungen die Rede. Bei einer sozialen Zuschreibung wird einer ganzen Gruppe von Menschen, zum Beispiel Männern / Frauen, Migranten, Sozialhilfeempfängern etc. pauschal eine Eigenschaft zugeschrieben, zum Beispiel Männer sind Machos, Frauen sind zickig, Migranten wollen sich nicht integrieren oder Sozialhilfeempfänger sind faul und ungebildet.

Sie sehen an dieser Auswahl an Beispielen bereits, dass diese Zuschreibungen oftmals falsch oder zumindest sehr stark vereinfachend und pauschalisierend sind. Nicht nur die soziale, auch die personenbezogene Attribuierung birgt dabei gewisse Schwierigkeiten. Schließlich hat jeder Mensch mehrere Eigenschaften und ist unter Umständen sogar in sich widersprüchlich, sodass wir mit einer Beschreibung wie „Person A ist unfreundlich" die gesamte Persönlichkeit der betreffenden Person sicher nur unzureichend abbilden, denn unter Umständen ist er im Arbeitskontext unfreundlich, im familiären Kontext hingegen überaus freundlich und liebevoll zu seiner Familie.

Auch die Verknüpfung von Ereignissen mit bestimmten Personen als Ursache führt oftmals zu falschen Schlüssen. In der Psychologie ist sogar vom *fundamentalen Attributionsfehler* die Rede, der nichts anderes aussagt, als dass wir dazu neigen, Ereignisse zu sehr von Personen abhängig zu machen und dabei die *Umstände* zu wenig zu berücksichtigen. Ein extremes Beispiel ist die Verknüpfung des *Dritten Reiches* mit der Person Adolf Hitler. Auch wenn Hitler als Reichskanzler und Diktator einen enormen Einfluss hatte, konnte er, nach Ansicht der meisten Historiker, das sogenannte Dritte Reich nicht alleine gründen und regieren, er benötigte die Sympathisanten, die es in der Bevölkerung massenhaft gab und die aufgrund der politischen Umstände empfänglich für Hitlers Rhetorik waren. Die Epoche des Nationalsozialismus kann also nicht nur unter Bezugnahme auf Hitler untersucht werden, sondern muss die gesamten Umstände und Strukturen des historischen Kontextes berücksichtigen (Gilbert & Malone, 1995).

Durch den Sokratischen Dialog können falsche Attribuierungen aufgedeckt werden.

Einer Person wird zum Beispiel eine gewisse Eigenschaft oder eine Handlung zugeschrieben. So ist zum Beispiel Bescheidenheit ebenso ein Attribut wie Arroganz, Eitelkeit etc. Wenn wir einen Menschen als bescheiden beschreiben, attribuieren wir den Begriff der Bescheidenheit mit ihm. Ebenso können wir Situationen attribuieren. Zum Beispiel wird eine Situation als gefährlich beschrieben, obwohl keine konkrete Gefahr besteht. Klassischerweise werden solche (falschen) Attribuierungen im Falle von Phobien getroffen. Das Fahren mit einem Aufzug oder das Fliegen mit einem Flugzeug wird von einem Klaustrophobiker per se als gefährlich wahrgenommen, ebenso wie ein Arachnophobiker jede Situation als gefährlich einschätzt, in der eine Spinne zugegen ist, auch wenn diese keine reale Gefahr verkörpert. Bei der Re-Attribuierung sollen solche Zuschreibungen gelöst werden und dem Objekt der Panik sollen stattdessen neue, positive Attribute angehängt werden. Der Patient verbindet zum Beispiel ein Flugzeug mit Enge und dem Gefühl, „ausgeliefert" zu sein. Doch vielleicht hatte er schon einmal einen wunderschönen Urlaub, der nur dank einer Flugreise überhaupt möglich war. Der Therapeut versucht also, das Flugzeug mit den schönen Urlaubserinnerungen statt mit Enge zu attribuieren. Ebenso kann dies mit einem Patienten gelingen, der Angst vor Hunden hat. Statt als bissig und gefährlich werden Hunde als freundlich und verspielt *re-attribuiert*. Auch bei falschen *Ursachen*zuschreibungen kann die Re-Attribuierung helfen, etwa, wenn sich eine Patientin die Schuld daran gibt, dass ihre Beziehung gescheitert ist: „Ich alleine bin schuld daran". Der Therapeut hinterfragt auch in diesem Fall, „Wie kommen Sie zu dieser Einschätzung?", denn in der Regel ist nie nur ein Partner schuld am Scheitern einer Beziehung.

3. Erarbeitung von Alternativen:

Da der Patient im Vordergrund steht, können Sie auch gemeinsam an Lösungsstrategien arbeiten. Es geht nicht darum, dem Patienten eine vorgefertigte Lösung zu präsentieren, denn die Lösung der Probleme liegt bereits im Patienten verankert, es geht nur darum, sie aus ihm herauszubringen. Sprechen Sie also miteinander, lassen Sie, wenn Sie als Dialogpartner auftreten, Ihren Klienten offen darüber sprechen, welche Lösungen er präferiert, was ihm guttun könnte. Geben Sie, wie auch während des gesamten Dialogs, nicht zu viel vor, sondern lassen Sie zunächst den Klienten an der Lösung arbeiten und haken Sie gegebenenfalls nach, falls Ihnen etwas unklar ist, oder fragen Sie zwecks Konkretisierung von Lösungsstrategien.

Nehmen Sie sich hierzu gerne ein Flipchart zur Hand und notieren Sie Ideen und Vorschläge, wie Sie mit bestimmten Situationen aktuell umgehen und wie Sie bestenfalls damit umgehen *möchten*. Teilen Sie die vorhandenen Probleme in verschiedene Problembereiche auf und spielen Sie kleinteilig, Schritt für Schritt, mögliche Szenarien durch, wie Sie zur Lösung des Problems gelangen können. Der Therapeut gibt dabei möglicherweise bloß Stimuli vor und der Patient entwickelt eigene Ideen und Strategien, mit seinen negativen Kognitionen umzugehen. Am besten eignet sich auch hier ein Wenn-Dann-Schema: *„Wenn ich in Situation A wieder Gedanke B habe, dann versuche ich stattdessen ...“*

Erarbeitung angemessener Kognitionen

Die Erarbeitung von Alternativen führt uns unmittelbar zum nächsten Schritt: Um sich dauerhaft von negativen Kognitionen zu lösen, die Ihren Alltag bisher erschwert haben, müssen Sie neue, *angemessene* Kognitionen erarbeiten. Angemessen bedeutet in diesem Fall vor allem hilfreich und *praxistauglich*. Auch hierbei gibt es kein „Richtig oder Falsch“, was für den einen Patienten hilfreich ist, kann für den anderen völlig wirkungslos sein. Daher ist es entscheidend, dass Patient und Therapeut gemeinsam eine individuelle Kognition erarbeiten.

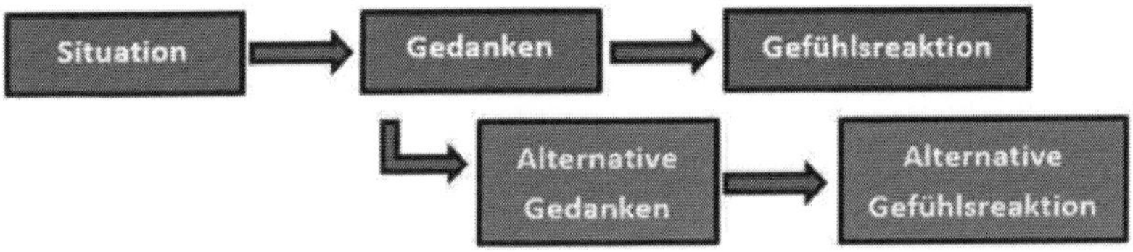

Dabei ist der zentrale Ansatz die Arbeit an den Gedanken (B), denn sie sind es, die unsere Gefühlsreaktion (C) hervorrufen. Gedanken überkommen uns in einem ersten Impuls oftmals unbewusst, es ist jedoch an uns, diese nicht einfach bloß stehen zu lassen, sondern negativen Gedanken *aktiv* entgegenzuwirken. Reflektieren Sie also:

- Wie komme ich zu meinen Gedanken?
- Sind diese berechtigt, gibt es einen rationalen Hintergrund der Gedanken?
- Was könnte ich stattdessen denken?
- Wie können mir die alternativen Gedanken helfen?

Kommen wir in diesem Kontext ein letztes Mal auf das Beispiel der Bekannten zurück, die Sie auf Ihre Gewichtszunahme anspricht. Der erste Gedankenimpuls bei einer solchen Äußerung wird vermutlich immer ein negativer sein: *„Sie kritisiert mich, sie findet mich unattraktiv, warum sagt sie mir so etwas? Will sie mich kränken oder beleidigen?“* Diesen Impuls können Sie nur schwer unterdrücken und Sie sollen es auch gar nicht versuchen. Denn wie uns unter anderem Freud gelehrt hat, ist die Unterdrückung von Impulsen auf Dauer kein ratsamer Mechanismus zum Umgang mit Gefühlen. Der entscheidende

Schritt der kognitiven Umstrukturierung ist die Reflexion dieser Gefühle einerseits („*Warum denke ich das? Warum bin ich so negativ eingestellt? Sie könnte es doch auch positiv meinen*") und die daraus folgende Gelassenheit andererseits: „*Warum soll ich mich darüber aufregen? Ich weiß doch nicht einmal, wie sie es gemeint hat. Ich könnte sie fragen, aber vielleicht ist es gar nicht relevant. Ich kann sie auch einfach fragen, wie es ihr geht, und das Gespräch in eine andere Richtung lenken.*"

Wenn Sie sich über den Prozess der Reflexion eine solche Gelassenheit in vormals negativ behafteten Situationen bewahren können, haben Sie eine erfolgreiche kognitive Umstrukturierung absolviert. Sie sind nun *resistenter* gegen den Stress und die negativen Gedanken, die Sie durch Ihre eigene Perzeption hervorgebracht haben. Im nächsten und letzten Schritt gilt es, diese neu eingeübten Kognitionen zu festigen.

Einüben der neuen Kognitionen

nach (Wilken, 2003)

Übung macht den Meister ist eines der bekanntesten deutschen Sprichwörter – und in unserem Fall trifft es einmal mehr zu. Das Erarbeiten neuer Kognitionen ist an sich bereits ein schwieriger Prozess. Schließlich geht es um die Reflexion und Umdeutung der eigenen Empfindungen und Wahrnehmungen. Doch ein Konzept für eine neue, positive Kognition zu erarbeiten, ist immer noch weniger kompliziert, als diese auch konsequent durchzuhalten.

Wir haben uns im vorausgegangenen Unterkapitel ein Beispiel angesehen, das auf einer einmaligen Begegnung beruht, haben aber zuvor bereits über Konfliktsituationen im Arbeits- oder Beziehungsalltag gesprochen. Gerade für diese wiederkehrenden Konfliktsituationen ist das Einüben der neuen Kognitionen unerlässlich. Trainieren Sie daher *bewusstes Umdenken*! Wenn Ihre Chefin zu Ihnen kommt und Ihnen weitere Aufgaben übertragen will, Sie jedoch bereits zu viel zu tun haben, sagen Sie sich bewusst: „*Ich kann das nicht leisten. Ich leiste bereits sehr viel. Ich muss dies klar kommunizieren.*" Gleichzeitig überkommt Sie erneut die irrationale Angst vor einem Ansehens- oder gar Stellenverlust in Ihrer Firma. Machen Sie sich bewusst, dass Sie vor Ihrer Chefin keine Angst haben müssen: „*Sie ist sehr ehrgeizig. Sie erwartet viel von sich und anderen. Auch von mir. Aber auch sie ist ein Mensch. Man kann vernünftig mit ihr reden.*"

Gehen Sie in den offenen Austausch. Erinnern Sie sich an die Frage des Therapeuten im Rahmen des Sokratischen Dialogs: „Ist Ihre Angst, die Stelle zu verlieren, begründet?" Ihre Antwort war: „Nein, das ist sie nicht." Sie haben also keinen Grund, Angst zu haben, und Sie haben gute Argumente – gehen Sie daher selbstbewusst in das Gespräch: „*Es tut mir leid. Ich muss erst meine aktuellen Aufgaben erledigen, die mir bereits mehrere Überstunden abverlangen. Wenn ich diese Aufgaben erledigt habe, bin ich bereit für neue.*"

Üben Sie diese Situation, wenn Sie sich damit sicherer fühlen, zuvor mit Ihrem Therapeuten ein. Spielen Sie das Szenario in Form eines Rollenspiels durch und wappnen Sie sich so für den realen Fall. Versuchen Sie, nicht einzuknicken, und bewahren Sie sich die Erkenntnis aus dem Sokratischen Dialog. Erst dann hat die kognitive Umstrukturierung erfolgreich stattgefunden.

„Ich lerne, mir selbst zu helfen“: Anwendung des Sokratischen Dialogs

„Wer die Welt bewegen will,
sollte zuerst sich selbst bewegen.“
(Sokrates)

Wir haben bereits einige Beispieldialoge analysiert und Exkurse in die therapeutische Praxis unternommen. Wir haben dabei gelernt, dass der Sokratische Dialog sich von anderen therapeutischen Ansätzen vor allem dadurch unterscheidet, dass dem Patienten lediglich Fragen gestellt werden, deren Beantwortung zunächst offen bleibt. Der Patient erhält bloß einen Stimulus und kann sich im Anschluss selbst mit den gegebenen Fragen und Anregungen auseinandersetzen. *Die Erkenntnis kommt immer aus dem Patienten selbst heraus*! Denn die Mäeutik geht davon aus, dass die Erkenntnis ohnehin bereits in uns ruht und sie nur noch nicht zu Tage gefördert oder „zur Welt gebracht“ wurde.

Daher wird der Sokratische Dialog auch als *Hilfe zur Selbsthilfe* bezeichnet. Im folgenden Kapitel werden wir uns noch etwas stärker an der Praxis orientieren, um Ihnen ein noch breiteres Spektrum an Handlungsmöglichkeiten mit auf den Weg zu geben. Wir haben bereits Beispiele betrachtet, um den theoretischen Ausführungen einen praktischen Bezug zu verleihen. In diesem Kapitel stehen die Beispiele allerdings im Vordergrund. Sie dienen als Anschauungsmaterial und werden anschließend anhand der theoretischen Grundlagen besprochen. Sicherlich werden Sie die eine oder andere Situation, die in den Beispielen geschildert wird, aus Ihrem eigenen Alltag kennen. Somit lernen Sie nicht nur etwas über die Grundlagen des Sokratischen Dialogs, sondern nehmen einen gewissen Erfahrungsschatz mit aus diesem Kapitel, der Ihnen die Anwendung im Alltag erleichtert.

Zielkonflikte

Sich über die eigenen Ziele im Klaren zu sein, ist ein wesentlicher Schritt in Richtung Erkenntnisfindung. Doch auch Ziele können in sich widersprüchlich sein oder zwei Ziele können sich gegenseitig widersprechen.

Stellen wir uns eine Frau vor, die zwei wichtige Ziele in ihrem Leben für sich definiert hat: Sie möchte beruflichen Erfolg, also eine Karriere, und sie möchte eine Familie gründen und eine fürsorgende Mutter sein, am liebsten für zwei Kinder. Diese Ziele widersprechen sich nicht im Grundsatz, in der Praxis wissen wir aber, dass *Kind und Karriere* ein nur selten zu vereinbarendes Pärchen bilden. Aufgrund biologischer Einschränkungen sind Frauen auf ein gewisses Alter festgelegt, wenn sie Kinder bekommen möchten. Zwar verlagert sich dieses Alter tendenziell nach hinten, jedoch verlagert sich auch der Berufseinstieg nach hinten, weshalb die Gründung der Familie und der Berufseinstieg noch immer häufig nah beieinander liegen. In dem Alter, in dem die erste Beförderung anstehen könnte, ist die Frau also im Betrieb nicht präsent, da sie sich in Elternzeit / im Mutterschutz befindet – daher erhalten kinderlose Kolleginnen oder männliche Kollegen den Vorzug (Brandt & Spangenberg, 2022).

Mit zwei widersprüchlichen Zielen umzugehen, ist nicht leicht. In diesem Fall ist die Klientin aber keinesfalls bereit, eines der Ziele grundsätzlich aufzugeben, was sicherlich die einfachste Lösung im Sinne der Konfliktlösung wäre, letzten Endes aber nicht zur Zufriedenheit der Klientin führen würde. Es gilt also im Therapiegespräch, die Ziele zu konkretisieren:

1. Zielkonflikt definieren:

Therapeut: „Welche Ziele haben Sie sich in Ihrem Leben gesetzt?“

Klientin: „Es gibt zwei Dinge, die mir sehr wichtig sind. Ich möchte eine berufliche Karriere machen, schließlich habe ich nicht umsonst sechs Jahre studiert. Arbeiten macht mir Spaß und ich möchte dort weiterkommen. Meine aktuelle Firma eignet sich gut dazu. Die Karriere- und Aufstiegschancen gelten als hervorragend. Mein zweites wichtiges Ziel ist es, eine Familie zu haben. Ich liebe Kinder und kann mir nicht vorstellen, keine zu haben. Am besten zwei, wie bei meiner Schwester, das klappt dort hervorragend und mein Partner ist ebenfalls dafür.“

T: „Sind diese Ziele gleichwertig?“

K: „Ja, absolut. Ich stelle mir mein Leben so vor. Arbeiten, nach Hause kommen, mit dem Wissen, viel geschafft zu haben, und dann widme ich mich den Kindern.“

T: „Ist diese Vorstellung realistisch?“

K: „Ich denke schon. Obwohl ich mir bewusst bin, dass es schwer ist, Kinder und Karriere zu kombinieren. Aber andere schaffen es doch auch. Von daher sollte es gehen.“

T: „Wie schaffen es andere? Haben Sie sich bereits mit jemandem darüber ausgetauscht?“

K: „Ja, ich lese in Foren und folge Müttern auf Social Media. Dort gibt es gute Tipps. Natürlich braucht es auch ein Umfeld, das uns entsprechend unterstützt. Meine Eltern wohnen leider zu weit weg und die Eltern meines Partners sind beide noch berufstätig. Das wird bestimmt eine Herausforderung. Mein Mann kann auch nicht so lange zu Hause bleiben, er verdient aktuell mehr als ich, daher müssen wir auch wirtschaftlich denken, ich werde dann sehr wahrscheinlich die Elternzeit nehmen.“

2. Definition der Begriffe / Exploration:

T: „Was bedeutet Ihnen die Arbeit?“

K: „Anerkennung. In erster Linie die Anerkennung meiner Fähigkeiten. Ich weiß, dass ich etwas kann, ich bin gut ausgebildet und habe sowohl in der Schule als auch in der Universität gute Noten gehabt. Ich denke, ich kann etwas schaffen. Meine Mutter war noch Hausfrau und hat 15 Stunden die Woche als Aushilfe gearbeitet. Ich glaube, diese Zeiten sind vorbei ...“

T: „Was bedeutet Ihnen Anerkennung?“

K: „Dass ich als Person gewürdigt werde. Für das, was ich bin, und das, was ich kann.“

T: „Wer sind Sie? Beschreiben Sie sich.“

K: „Ich bin eine offene Person, die sich gerne mit anderen trifft. Ich bin gerne unterwegs und gerne unter Leuten. Ich mag es, zu kommunizieren. Ich bin aber auch ein Familienmensch.“

T: „Was können Sie?“

K: „Vor Leuten sprechen, präsentieren, Menschen überzeugen, ich gehe auf jeden offen zu.“

T: „Und was bedeutet Ihnen Familie?“

K: „Geborgenheit, Nähe, Zusammenhalt. Familie ist da, wo man sich ganz und gar geborgen fühlt. Dort, wo man sich nicht verstellen muss, sondern sein kann, wie man ist.“

3. Infragestellung / Erkenntnis des Nichtwissens:

T: „Sie haben gesagt, Sie möchten Karriere machen. Welche Art von Karriere stellen Sie sich vor?“

K: „Ich möchte eine leitende Position im Unternehmen haben, um ehrlich zu sein, auch eine hohe Stellung. Es geht mir nicht so sehr um den Status, ich will damit nicht angeben, aber ich finde, dass sich meine gute Ausbildung lohnen sollte. Einige Kolleginnen haben eine Ausbildung gemacht und haben die Mittlere Reife oder ein Fachabitur. Da bin ich einfach besser qualifiziert.“

T: „Passt eine leitende Tätigkeit zu Ihren Stärken?“

K: „Ja, ich denke schon. Ich kann gut mit Menschen umgehen und ich kann gut delegieren. Ich habe kein Problem damit, einem Menschen eine Aufgabe anzuvertrauen, wenn ich ihn als geeignet erachte.“

T: „Können Sie Verantwortung abgeben?“

K: „Im beruflichen Kontext auf alle Fälle. Im familiären Kontext, glaube ich, tatsächlich eher weniger. Ich kann mir nicht vorstellen, mein Kind einer Tagesmutter oder jemand Professionellem anzuvertrauen, zumindest nicht in den ersten Monaten.“

T: „Ist die Verantwortung für die Familie größer als die für den Beruf?“

K: „Dort kann einen niemand ersetzen oder vertreten. Ein Kind braucht in den ersten Monaten immer seine Mutter und niemand anderen. Auf der Arbeit kann man seine Aufgaben aufteilen oder delegieren.“

4. Erneute Aufnahme der Frage:

T: „Sind Ihre Ziele dann wirklich gleichwertig?“

K: „Ich würde sie nach wie vor als gleichwertig bezeichnen. Beides möchte ich auf alle Fälle verwirklichen. Aber ich merke bei näherer Betrachtung, dass ich bereit bin, bei meiner beruflichen Karriere Kompromisse zu machen. Ich möchte ja ohnehin nicht ins oberste Management, sondern auf eine Management-Stufe, bei der ich meine zwischenmenschliche Kompetenz einsetzen kann.“

5.

Erkenntnis:

T: „Was schließen Sie daraus?“

K: „Ich werde bereits mit meinem Vorgesetzten sprechen. Ich habe ja bereits ein bisschen Verantwortung übertragen bekommen, auch wenn ich Berufseinsteigerin bin. Ich werde mit ihm sprechen, wie ich mir meinen Karriereweg vorstelle. Vielleicht bin ich in 1 bis 2 Jahren bereits dort, wo ich im ersten Schritt hinmöchte. Teamleiterin zum Beispiel ... In dieser Zeit kann ich mich gut um meine Familie kümmern und nach der Elternzeit weiter an meiner Karriere arbeiten.“

Mithilfe dieses Dialogs hat die Frau erkannt, dass ihr Zielkonflikt nicht unbedingt einer sein muss. Sie hat zudem festgestellt, dass ihre ursprüngliche Annahme, dass eine große Karriere und das Großziehen von zwei Kindern auf einer Stufe stehen, nicht ganz richtig ist. Sie ist in puncto Karriere bereit, ein etwas langsameres Tempo zu gehen, als sie es sich in einer idealen Welt erhoffen würde, bei ihren Kindern würde sie keine Kompromisse akzeptieren. Sie erkennt aber auch, dass sie bereits einen ersten Schritt auf der Karriereleiter gegangen ist und dass es eine sinnvolle Vorgehensweise ist, eine Art Zielvereinbarung mit dem Chef zu treffen. So kann sie in etwa abschätzen, wie die Vorstellungen ihres Vorgesetzten sind, und geht zugleich transparent mit ihrem Kinderwunsch um. Dies kann dazu führen, dass der Chef dieses Wissen in seine Planung einbezieht und sie eben nicht umgeht, wenn eine Beförderung ansteht, sondern vielmehr bewusst plant, wann die Beförderung erfolgen kann.

Zielkonflikte sind besonders dann schwierig, wenn zunächst keine Kompromissbereitschaft besteht oder wenn die Ziele tatsächlich unvereinbar sind. Doch in den wenigsten Fällen stehen sich konträre Ziele unvereinbar gegenüber. Die wenigsten Klienten gehen davon aus, dass sie einerseits nach totaler Selbstverwirklichung streben und daher keiner Arbeit nachgehen wollen, auf der anderen Seite aber 100.000 Euro pro Jahr zur Verfügung haben möchten. Derartige „Konflikte“ sind irrational und können vom Therapeuten, sollte ein Klient tatsächlich mit einer solchen absurden Forderung daherkommen, höchstens durch Dekonstruktion aufgelöst werden.

Ein weitaus rationalerer Konflikt kann zum Beispiel folgender sein: Ein Mann lebt mit seiner Familie in seinem Elternhaus, die Eltern sind vor kurzem verstorben. Der Mann ist nach wie vor in der Region verwurzelt, auch die Eltern seiner Frau leben hier in der Nähe, er arbeitet einen Ort weiter und ist Mitglied im Sportverein, sie bei der Freiwilligen Feuerwehr. Andererseits war die Beziehung des Mannes zu den Eltern stark belastet, der Vater war gewalttätig, die Mutter psychisch labil. Er hat bisher niemandem davon erzählt und seine Kindheit bisher gut verarbeitet. Das Elternhaus weckt allerdings Erinnerungen in ihm, er fühlt sich unwohl, alte Wunden reißen auf, er schläft schlecht und denkt zu viel über seine Kindheit nach. Aber wegzuziehen ist keine Alternative und in der unmittelbaren Nähe gibt es keine freien Wohnungen oder Häuser, die für ihn, seine Frau und seine zwei Kinder genügend Platz zu einem bezahlbaren Preis bieten.

Einerseits besteht also das Ziel / der Wunsch nach der Zugehörigkeit und der Verbundenheit zu der Heimatregion, kombiniert mit praktischem Nutzen, wie die räumliche Nähe zur Arbeit, den Schwiegereltern etc. Andererseits ist das Ziel, die traumatischen Kindheitserlebnisse aufzuarbeiten, in Gefahr. Beide Bedürfnisse widersprechen sich.

Da an einem Umstand, nämlich der geographischen Lage des Hauses, nichts verändert werden kann, muss im Rahmen der Therapie das andere konfliktbeladene Ziel angegangen werden. Das Ziel des Therapeuten muss es sein, eine kognitive Umstrukturierung vorzunehmen, der Klient darf das Haus nicht mehr mit den traumatischen Kindheitserlebnissen verbinden.

1. Vermittlung des kognitiven Modells:

[...]

Therapeut: „Schildern Sie bitte Ihr Problem.“

Klient: „Ich muss immerzu an meinen Vater denken. Wenn ich in mein altes Kinderzimmer gehe, wo nun meine Kinder spielen, dann überkommt es mich, es läuft mir eiskalt den Rücken herunter. Ich möchte meine Kinder in den Arm nehmen, sie beschützen, auch wenn ich weiß, dass dort keine Gefahr für sie herrscht. Es ist dieses verfluchte Zimmer.“

T: „Ist es wirklich das Zimmer, das Ihnen Angst macht?“

K: „Natürlich nicht der Raum, also nicht der Putz an der Decke oder das Laminat, sondern die Erinnerungen, die ich mit diesem Zimmer verbinde, die Erinnerungen an meine eigene Kindheit.“

T: „Welche Erinnerungen sind das?“

K: „Er hat mich oft geschlagen. Er trank, wenn er nach Hause kam, war er immer wütend. Ich weiß auch nicht, wieso. Erst schlug er meine Mutter und dann mich. Es war genau derselbe Raum, derselbe Blick aus dem Fenster auf das Nachbarhaus.“

T: „Die Erinnerung belastet Sie also?“

K: „Ja, es ist die Erinnerung. Der Raum an sich ist einfach nur ein Raum, das ist mir schon klar, aber die Erinnerungen sind so lebendig. Ich verbinde mit diesem Raum und diesem Haus so viele schlimme Erfahrungen. Meine Kinder dürfen *niemals* solche Erfahrungen machen.“

2. Aufdeckung dysfunktionaler Kognitionen:

T: „Beschreiben Sie bitte die Situationen, in denen es Ihnen kalt den Rücken herunterläuft, wie Sie sagen, genau.“

K: „Es ist, wenn ich selbst das Kinderzimmer betrete. Beim Hausflur wird mir schon etwas mulmig, aber das war in den ersten paar Tagen, an denen ich wieder hier war, schlimmer. Es geht mittlerweile. Das Problem ist, wenn ich meine beiden Kinder sehen will. Ich betrete den Raum und fühle mich so, als ob ich wieder dort drin wäre. Meine Kinder hören mich schon, weil die Treppe knarzt, so wie ich meinen Vater damals schon vorher hörte und wusste, dass es nun Schläge setzt.“

T: „Ich möchte Ihr Gefühl noch besser verstehen. Lassen Sie mich ein paar Sätze anfangen und Sie vervollständigen diese, in Ordnung?“

K: „In Ordnung.“

T: „Wenn ich mein Elternhaus betrete, denke ich ...“

K: „... irgendwie schön hier. Viel schöner als früher, früher war es schrecklich hier.“

T: „Sie gehen die Treppe hinauf und ...“

K: „... freue mich wahnsinnig auf meine Kinder. Aber mit jeder Treppenstufe wird mein Schritt schwerer.“

T: „Ich betrete das Kinderzimmer und fühle mich ...“

K: „... schlecht. Ich beginne, zu schwitzen, es ist körperlich spürbar. Manchmal zittern meine Hände und mein Herz rast. Ich fühle mich so hilflos.“

T: „Haben Sie *Angst*? Kann man das Gefühl so beschreiben oder wäre das unpassend?“

K: „Angst ... Ja, irgendwo schon. Aber nicht um mich, ich bin ja erwachsen, mein Vater ist tot, er kann niemandem mehr etwas antun. Ich glaube, ich habe eher Angst um meine eigenen Kinder.“

3. Infragestellen dysfunktionaler Kognitionen:

T: „Ist diese Angst berechtigt?“

K: „Nun ja, nicht wirklich. Ich würde meinen Kindern ja nie so etwas antun und wie gesagt, mein Vater lebt nicht mehr. Ich denke, es sind einfach meine Gedanken, das hat keinen rationalen Hintergrund.“

T: „Was empfinden Sie, wenn Sie Ihre Kinder beim Spielen sehen?“

K: „Freude, Liebe ... Stolz natürlich auch ein wenig. Ich genieße einfach jeden Moment mit ihnen.“

T: „Spielen Sie gemeinsam in dem Kinderzimmer?“

K: „Ja. Wenn ich mich überwunden habe, dann spielen wir dort des Öfteren. Es macht auch immer Spaß, ich genieße diese Zeit. Durch meine Arbeit kann ich tagsüber oft nicht da sein, umso schöner ist es dann, nachmittags Zeit mit den Kindern zu verbringen.“

T: „Verbinden Sie diese schönen Erlebnisse ebenfalls mit dem Kinderzimmer?“

K: „Nein, tatsächlich nicht. Ich versuche, das immer zu trennen. Aber vielleicht wäre genau das der richtige Ansatz. Ich habe ja meine schönen Momente mit den Kindern am selben Ort erlebt. Sie selbst fühlen sich dort auch wohl. Sie kennen ja die Hintergründe gar nicht. Für sie ist dieser Ort einfach nur schön und sicher. Vielleicht muss ich ihn auch so betrachten. Aber ich weiß, dass es mir schwerfallen wird, die Vergangenheit loszulassen.“

4. Erarbeitung angemessener Kognitionen:

T: „Wie könnte Ihnen das gelingen?“

K: „Vielleicht muss ich beim Betreten des Hauses schon anders denken. Ich darf gar nicht daran denken, dass es mein Elternhaus ist. Es sieht ja auch mittlerweile ganz anders aus als früher. Wir haben viel renoviert. Es ist ein neues Haus, ich muss versuchen, mir das zu sagen. Dann denke ich nur an meine Kinder und nicht mehr an meinen Vater, wenn ich die Treppe hochgehe.“

T: „Wie können Sie diesen gedanklichen Umbruch praktisch vollziehen?“

K: „Ich schaue mir am besten die alten Familienfotos von damals noch einmal an. Dann sehe ich ja, was sich alles verändert hat. Vielleicht brauche ich die alten Fotos gar nicht mehr. Ich schaue sie mir noch einmal an und dann werfe ich sie weg, ich erinnere mich ja ohnehin nicht gerne an meine Kindheit.“

5. Einüben der neuen Kognition:

T: „Hilft es Ihnen, wenn wir das Szenario hier durchspielen?“

K: „Ja, das können wir gerne machen. Ich werde es vor meinem geistigen Auge immer wieder durchspielen und auch so werde ich es üben müssen. Das kommt schließlich alles nicht von heute auf morgen. Aber ich denke, mit diesem Ansatz werde ich gut fahren.“

Hier haben wir ein Beispiel für eine kognitive Umstrukturierung mittels des Sokratischen Dialogs gesehen. Der Vater erkennt zunächst, dass es nicht sein altes Kinderzimmer ist, das die Stressreaktion bei ihm auslöst, sondern dass es seine eigenen Gedanken und Erinnerungen sind. Diese Kognition wurde als dysfunktional aufgedeckt und gemeinsam mit dem Therapeuten machte sich der Klient an die Erarbeitung einer funktionaleren Kognition. Der Vater soll nicht mehr die Zeit seiner eigenen, traumatischen Kindheit mit dem Haus und insbesondere dem Zimmer verbinden, sondern die aktuelle, schöne Zeit mit der eigenen Familie. Dies wird ihm nicht auf Anhieb gelingen, doch er ist sich nun der Aufgabe bewusst und kann zumindest versuchen, diese Kognition sukzessive einzuüben.

Wertkonflikte

Anders als die Zielkonflikte verhält es sich mit den *Wertkonflikten*. Unter Werten verstehen wir unsere Haltungen, Einstellungen und Überzeugungen, mit denen wir durchs Leben gehen und die unsere Sichtweise auf die Dinge prägen. Werte zeichnen sich dadurch aus, dass sie oft besonders tief in uns verwurzelt sind und wir sie als moralische Argumentationsgrundlage verwenden. Der Begriff der Norm geht dabei in eine ähnliche Richtung, meint aber nicht dasselbe. Normen sind universeller Natur, wohingegen Werte individuell sind. Für den einen spielt Familie als Wert eine herausragende Rolle, für einen anderen ist diese unter Umständen nicht besonders wichtig.

Zielkonflikte sind oft mit praktischer Umsetzbarkeit zu erklären. Man möchte gerne Familie und Karriere vereinen, in der Praxis ist dies jedoch aufgrund der Gegebenheiten schwierig umzusetzen. Man möchte gerne in dem Haus der Eltern wohnen bleiben, auch wenn dieses mit einem Kindheitstrauma behaftet ist, da die Lage und die Entfernung zum Arbeitsplatz dafür sprechen. Würde man losgelöst von praktischen Zwängen auf die eigenen Ziele schauen, würden diese in keinem Widerspruch zueinander stehen bzw. ließe sich der Widerspruch schnell auflösen.

Woher kommen unsere Werte?

Wertkonflikte sind meist *intrinsischer* Natur, sie werden zwar durch die Normen, die in einer Gesellschaft allgemein anerkannt sind, mit geprägt, doch letzten Endes entscheiden wir selbst, ob eine Handlung mit unseren Werten im Einklang steht oder nicht. Wir müssen jedoch stets im Hinterkopf behalten, dass unsere Werte von verschiedenen extrinsischen Faktoren geprägt werden und diese reflektieren.

ⓘ

Information: Intrinsische und extrinsische Motivation

Die beiden Begriffe intrinsisch und extrinsisch stammen aus dem Lateinischen und beziehen sich auf die Motivation und die Anreize eines Menschen, die ihn zu gewissen Handlungen bewegen. Wie der Name bereits andeutet, handelt es sich bei *in*trinsischer Motivation um etwas, was in uns selbst liegt; die Motivation kommt von innen heraus und nicht durch äußere Anreize. Stellen Sie sich eine Schülerin vor, die stets bestrebt ist, die besten Noten in der Klasse zu schreiben. Diese Bestrebung rührt aber nicht daher, dass ihre Eltern es von ihr erwarten oder dass jemand sie unter Druck setzt, sondern sie hat aus sich heraus den Ehrgeiz entwickelt, gute Leistungen in der Schule zu erbringen.

*Ex*trinsisch bedeutet hingegen, dass der Anreiz von außerhalb kommt. Ein externer Einflussfaktor sorgt also für ein gewisses Verhalten. Im Beispiel der Schülerin wären dies zum Beispiel strenge Eltern, die schlechte Noten sanktionieren, oder auch Eltern, die zum Beispiel mit finanziellen Anreizen locken, wenn gute Noten erzielt werden („Wenn du eine Eins im Zeugnis hast, bekommst du dafür zehn Euro“).

Bei intrinsischer Motivation können *Werte* eine große Rolle spielen. Je nachdem, wie wir einzelne Werte, zum Beispiel Erfolg, Großzügigkeit, Familienleben etc., gewichten, handeln wir aus einer eigenständigen Motivation heraus oder auch nicht. Wenn Ihnen Familienleben besonders wichtig ist, werden Sie intrinsisch motiviert sein, Ihre Großtante im Altenheim zu besuchen, wenn Sie sich eher aufgrund des familieninternen oder sozialen Drucks dazu genötigt sehen, handeln Sie aus einer extrinsischen Motivation heraus (Maier, 2018).

Gesellschaftliche Werte und Normen

Sehen wir von allgemein anerkannten Normen, wie zum Beispiel dem Verbot von Morden, Diebstählen oder dem Inzest-Tabu, ab, gibt es in verschiedenen Gesellschaften relativ unterschiedliche Wertevorstellungen. In manchen Gesellschaften, wie etwa dem Iran, ist es zum Beispiel Frauen untersagt, in freizügiger Kleidung auf die Straße zu gehen, während dies in anderen Gesellschaften, etwa den westeuropäischen, keinerlei Tabubruch mehr darstellt. In manchen Gesellschaften zählen traditionelle Werte wie Stärke, Treue und Disziplin, in postmodernen Gesellschaften, deren Ökonomie weniger auf industriellen oder agrarischen Erzeugnissen, sondern auf einem starken Dienstleistungssektor beruht, sind es Werte wie Pünktlichkeit, aber auch Flexibilität und Mobilität, die besonders geschätzt werden. In südamerikanischen, südostastasiatischen oder afrikanischen Gesellschaften ist der Wert der Familie überaus stark (teils auch aus ökonomischen Gesichtspunkten), wohingegen die Familie im westlichen Europa oder auch den Vereinigten Staaten mit größerer Distanz betrachtet wird.

Je nachdem, in welcher Gesellschaft wir aufwachsen, verinnerlichen wir ein gewisses Wertekorsett, was jedoch nicht heißt, dass wir dieses nicht kritisch hinterfragen können. Werte sind zudem dynamisch, verändern sich also nicht nur auf der individuellen, sondern auch auf der gesellschaftlichen Ebene. Nehmen wir etwa homosexuelle Handlungen zweier Männer, die auch in Deutschland noch bis in die 1970er-Jahre hinein strafbar waren und heute nicht nur legitimiert, sondern durch die sogenannte „Homo-Ehe“ auch rechtlich gleichgestellt sind. Einerseits ist also das gesellschaftliche Umfeld, andererseits der zeitliche Kontext für die Herausbildung des eigenen Wertekanons entscheidend (Joas, 1999).

Eigene Werte und Normen

Im Laufe der Zeit entwickeln wir eine eigene Vorstellung von Werten, die einerseits durch die Gesellschaft, andererseits durch unsere Erfahrungen und Erlebnisse geprägt werden. Diese Moral- oder Wertvorstellungen sind dabei individuell sehr verschieden. Manch einer mag vielleicht den Wert der Treue in einer Beziehung als nicht besonders wichtig erachten, wohingegen dieser Aspekt für den anderen den wichtigsten Aspekt in einer Beziehung überhaupt darstellt. Die eine hält Notlügen für ein legitimes Mittel, um unangenehmen Situationen aus dem Weg zu gehen, die andere hält Lügen generell für höchst verwerflich. Problematisch wird es für das Individuum, sobald zwei Werte, die man für sich postuliert, im Widerspruch zueinander stehen. Dabei gibt es drei häufige Ausprägungen:

• Zwei Werte, die wir für uns postulieren, widersprechen sich in einer konkreten Situation:

Zum Beispiel halten Sie sich für pünktlich und ehrlich, aufgrund einer eigenen Schludrigkeit kommen Sie jedoch zu spät zu einer Verabredung. Wenn Sie die Wahrheit sagen, werden Sie als unpünktlich wahrgenommen, wenn Sie eine Notlüge erfinden („Die Bahn kam zu spät", „Auf der Straße war ein Unfall" etc.), gelten Sie weiterhin als pünktlich, sind aber nicht ehrlich.

• Einer unserer Werte widerspricht einem gesellschaftlichen Wert / dem Wert einer anderen Person:

Sie halten Treue in der Partnerschaft für zweitrangig, wissen aber, dass der Ehebruch moralisch in der Gesellschaft weitestgehend verurteilt wird. Auch Ihre Partnerin hat eine andere Auffassung als Sie, weshalb Sie wissen, dass Sie mit einem Ehebruch aus Sicht der anderen moralisch verwerflich handeln.

• Einer unserer Werte widerspricht einem unserer Ziele:

Sie wollen die Karriereleiter in Ihrer Firma so schnell wie möglich erklimmen? Sie wissen aber auch, dass die Konkurrenz groß ist und in Ihrer Firma sehr streng selektiert wird? Also heißt es wohl „Ellenbogen ausfahren", aber Sie definieren für sich *Loyalität* als einen großen Wert. Wenn Sie zu einhundert Prozent loyal zu Ihren Kollegen sind, wird sich Ihr Karriereziel nicht verwirklichen lassen, wenn Sie es verwirklichen wollen, müssen Sie von Ihrem Wert abrücken.

Widersprechen sich unsere eigenen Werte, kann es zu einer kognitiven Dissonanz kommen. In diesem Fall müssten die Gewichtung und die Relevanz der Werte für den Klienten geklärt werden.

Beispiel 1: Für den Klienten sind *Ehrlichkeit* und *Harmonie* zwei wichtige Werte in der Partnerschaft. Er weiß jedoch, dass er mit hundertprozentiger Ehrlichkeit einen Konflikt verursachen würde. Entweder ist er also nicht ehrlich oder er gefährdet die Harmonie in der Beziehung. Dieses Dilemma beschäftigt ihn, weshalb er den Therapeuten aufsucht.
Therapeut: „Bitte beschreiben Sie den genannten Konflikt genau.“

1. Wertkonflikt definieren:

Klient: „Es gibt gewisse Dinge, die mich an meiner Partnerin stören. Es ist nichts Gravierendes. Aber sie ist manchmal etwas unordentlich und lässt ihre Kleidung im Badezimmer liegen oder das Kochgeschirr in der Küche stehen. Außerdem ist sie nicht immer pünktlich. Mir ist das peinlich, wenn wir zu Freunden zu spät zur Verabredung kommen, aber sie braucht immer zehn Minuten länger ... Ich sage es ihr nicht, ich sage ihr generell nie, was mich stört, weil ich weiß, dass sie dann sauer oder eingeschnappt ist. Harmonie ist mir auch sehr wichtig, die will ich unter keinen Umständen gefährden. Auf der anderen Seite ist mir Ehrlichkeit genauso wichtig, aber die lasse ich so ja vermissen.“

2. Definition der Begriffe / Exploration:

T: „Was bedeutet der Begriff Harmonie für Sie?“
K: „Ein friedliches Zusammenleben, ohne Streit und ohne größere Konflikte.“
T: „Und was bedeutet Ehrlichkeit für Sie?“
K: „Seine Meinung zu sagen und das, was man denkt. Keine Lügen, aber auch keine Ausreden oder Ausflüchte. Verschweigen ist für mich auch schon eine Lüge.“

3. Infragestellung / Erkenntnis des Nichtwissens:

T: „Kann eine Lüge einen Konflikt vermeiden?“
K: „Vermutlich kann sie nicht den Konflikt vermeiden, aber wohl, dass er ausbricht. Verstehen Sie? Der Konflikt ist ja da, er wird zu meinem inneren Konflikt. Aber ich kann verhindern, dass er sich auf meine Beziehung überträgt, indem ich ihn nicht offen anspreche.“
T: „Ist das für Sie *Verschweigen*?“
K: „Ja.“
T: „Und Verschweigen ist Lügen, haben Sie vorhin gesagt.“
K: „Das ist richtig. Ich belüge mich ja auch selbst damit und sie eben auch. Dennoch bleibt der Konflikt in mir, also habe ich sowohl eine Lüge als auch einen Konflikt.“

4. Erneute Aufnahme der Frage:

T: „Können Sie Ihren Werten so gerecht werden?“
K: „Nein, das kann ich nicht. Ich verstoße bei genauerer Betrachtung gleich gegen zwei meiner wichtigsten Werte, nur weil ich einen davon nach außen hin nicht aufgeben möchte.“

4. Erkenntnis:

T: „Was bedeutet das für Sie?“
K: „Ich muss vermutlich offen mit meiner Partnerin sprechen. Ansonsten vermeide ich nicht den Konflikt, sondern trage ihn nur mit mir selbst aus. Wenn ich hingegen alles offen anspreche, dann können wir uns damit auseinandersetzen. Eventuell gefährde ich kurzzeitig die Harmonie, aber ich bin ehrlich und die Harmonie wird sich wieder einstellen. Ich muss aufpassen, dass ich die Kritik nicht zu scharf formuliere, dann wird sie auch darauf eingehen.“

Der Klient erkennt in diesem Fall, dass er beide Werte nicht gegeneinander ausspielen kann. Er verrät sie beide, indem er verzweifelt versucht, beiden gerecht zu werden. Durch die Frage nach den Werten hat der Therapeut den Klienten zu dieser Erkenntnis bewegt. Dieser geht mit einer klaren Handlungsempfehlung aus dem Gespräch heraus, die er sich aber selbst gegeben hat. Die Erkenntnis kam einzig und allein aus ihm heraus, wo sie vorher bereits verankert gewesen ist.

Beispiel 2: Die Klientin strebt einen raschen beruflichen Aufstieg in einer Wirtschaftskanzlei an. Das Unternehmen ist bekannt für die harte Auslese der Führungspositionen. Die einzige Möglichkeit, beruflich schnell aufzusteigen, ist, sich gegen die Konkurrenz durchzusetzen, teils auch mit einer sogenannten *Ellenbogenmentalität,* man drängt die anderen zur Seite, um sich selbst zu positionieren. Gleichzeitig sind Harmonie und Kollegialität wichtige Werte für sie.
Therapeut: „Sie sprechen von einem Dilemma. Bitte erläutern Sie mir dieses Dilemma."

1. Wert-/Ziel-Konflikt definieren:

Klientin: „Einerseits habe ich mir immer vorgenommen, beruflich eine große Karriere zu machen. Ich habe schon in der Schule davon geträumt, einmal einen richtig guten Job zu haben. Aber um den Schritt nach oben zu nehmen, werde ich mich in meinem Unternehmen durchkämpfen müssen. Ich habe mir eine Branche ausgesucht, in der es einen großen Konkurrenzkampf gibt, manche sprechen auch vom *Haifischbecken*. Ich muss mich selbst profilieren, am besten auf Kosten der unmittelbaren Konkurrenz, ansonsten wird das nichts mit meinem Aufstieg. Aber ich möchte das eigentlich nicht. Ich bin privat sehr harmoniebedürftig und finde Kollegialität sehr wichtig."

2. Definition der Begriffe / Exploration:

T: „Wie würden Sie Erfolg/Karriere definieren?"
K: „Ich will das Maximum erreichen. Erfolg bedeutet für mich, dass ich alles aus den mir gegebenen Möglichkeiten heraushole. Ich bin sehr perfektionistisch, Erfolg ist also nahe verknüpft mit Perfektion. Karriere heißt für mich: So weit nach oben, wie es geht. *The sky is the limit.*"
T: „Was bedeutet Kollegialität/Harmonie für Sie?"
K: „Dass man gut miteinander auskommt, ohne persönliche Konflikte oder Auseinandersetzungen. Auch, dass man professionell und gut zusammenarbeitet. Wenn ich einen Kollegen um Hilfe bitte, möchte ich ja auch eine positive Rückmeldung erhalten und nicht hören: ‚Das kannst du selbst machen, nicht meine Sache' – genauso möchte ich es im Umkehrschluss auch machen. Dass meine Kollegen immer zu mir kommen können, wenn sie eine Frage oder ein Anliegen haben."

3. Infragestellung / Erkenntnis des Nichtwissens:

T: „Können Ihre Kollegen immer zu Ihnen kommen? Helfen Sie ihnen entsprechend?“

K: „Tatsächlich habe ich mich bereits ein paar Male dabei erwischt, dass ich mich unkollegial verhalten habe. Ich habe den Kollegen eben nicht geholfen, weil ich befürchtete, dass sie mir im Gegenzug nicht helfen würden. Sie stünden dann gut da und ich könnte mir nichts davon kaufen.“

T: „Wie fühlen Sie sich in solchen Situationen?“

K: „Schlecht. Ich erkenne mich selbst da manchmal nicht wieder, bekomme ein schlechtes Gewissen. Man fühlt sich irgendwie schuldig, auch wenn man ja nichts Schlimmes getan hat.“

T: „Woher kommt das schlechte Gewissen?“

K: „Von der Verletzung meiner Werte. Ich will nicht so handeln, wie ich glaube, handeln zu müssen, um beruflich weiterzukommen. Diese innere Zerrissenheit macht mir zu schaffen.“

4. Erneute Aufnahme der Frage:

T: „Wie können Sie dieses Dilemma, diese Zerrissenheit, wie Sie es nennen, auflösen? Haben Sie sich darüber schon einmal Gedanken gemacht?“

K: „Ich habe oft darüber nachgedacht, aber ich komme zu keiner adäquaten Lösung.“

5. Erkenntnis:

T: „Sind die Werte Harmonie / Kollegialität einerseits und Karriere andererseits für Sie gleichwertig?“

K: „Ich denke ja. Obwohl ich mich schlechter fühle, wenn ich jemanden unkollegial oder ungerecht behandelt habe, als wenn ich zum Beispiel eine E-Mail übersehen habe. Ich kann mir im beruflichen Kontext auch Fehler verzeihen, die muss man mit sich selbst ausmachen. Bei anderen ist es schwieriger, man will die Kollegen ja in keinem Fall gegen sich haben, das sorgt für eine vergiftete Atmosphäre im Büro.“

Man könnte den Dialog an dieser Stelle weiterführen, er verdeutlicht aber bereits, wie man mit dem (vermeintlichen) Dilemma umgehen kann. Die Klientin merkt im Verlauf des Gesprächs, dass sie zwar nach einer Karriere strebt, das dafür notwendige unkollegiale Verhalten belastet sie aber sehr stark. Sie würde sich vermutlich besser fühlen, wenn sie in ihrer aktuellen Position bleibt bzw. einen langsameren Aufstieg auf der Karriereleiter (zeitliche Dimension) in Kauf nimmt, dafür aber ihre Kollegialität bewahrt. Auch wenn sie die Ziele auf Nachfrage des Therapeuten hin noch als gleichwertig beschreibt, dämmert es bereits in ihr, dass ihr das eine Ziel unter Umständen doch wichtiger sein könnte als das andere. Sind die beiden Ziele unvereinbar, muss zwangsläufig eine Priorisierung erfolgen, sonst lässt sich das beschriebene Dilemma in der Tat nicht auflösen.

ZIELUNKLARHEIT

Wir hatten bereits über die Relevanz von konkreten Zielen gesprochen. Eine klare Zielsetzung hilft uns dabei, unseren Alltag zu gestalten, denn wenn man das Ziel kennt, ist der Weg oftmals einfacher. Unklarheit bei unseren Zielen führt jedoch zu Orientierungslosigkeit. Diese kann mitunter sehr unbefriedigend sein; stellen Sie sich zum Beispiel einen Büroangestellten vor, der tagtäglich dieselbe Arbeit und dieselben Aufgaben verrichtet. Er hat keine Perspektive für einen beruflichen Aufstieg oder dahingehend, dass sich sein Aufgabenbereich innerhalb der nächsten Jahre verändert. Er befindet sich privat in einer Beziehung, in der jedoch vieles unausgesprochen bleibt, eine gemeinsame Zukunftsplanung gibt es nicht. Wir können uns vorstellen, dass dieser Mann nicht gerade zufrieden mit seinem Leben ist. Der interessante Aspekt ist dabei, dass er mit hoher Wahrscheinlichkeit wesentlich zufriedener wäre, wenn er wüsste, dass er innerhalb der nächsten zwei Jahre befördert werden kann und dass seine Partnerin und er innerhalb eines Jahres zusammenziehen und innerhalb von drei Jahren die Heirat und gemeinsame Kinder anstreben. Seine aktuelle Situation wäre unverändert, doch alleine durch die Ziele, die er konkret greifen kann, wird es ihm auch aktuell bereits besser gehen.

Zielsetzung und Zeiträume

Eine Aufgabe des Sokratischen Dialogs kann es sein, die Ziele eines Klienten herauszuarbeiten. Was ist ihm wichtig, was möchte er erreichen und wann? Ziele können in unmittelbarer, naher oder ferner Zukunft liegen. Mit einher geht stets die Frage der Umsetzung. Wie lassen sich die Ziele erreichen, sind die Ziele, realistisch betrachtet, in der gewünschten *Zeit* erreichbar?

Die Umsetzbarkeit ist ein wesentlicher Aspekt bei der Besprechung der Ziele. Dabei ist die Zeit der entscheidende Faktor – fast alle Ziele können sich, zumindest theoretisch, irgendwann erreichen lassen, die Frage ist, wie viel Zeit man benötigt. Ein durchschnittlich gebauter Mann kann durchaus zum Bodybuilder werden, doch wird er dieses Ziel nicht in einem oder zwei Jahren erreichen können, sondern für das dafür benötigte intensive Training sicherlich mindestens fünf, eher zehn Jahre benötigen. Dieses Beispiel mag plakativ sein, es verdeutlicht jedoch die Relevanz des zeitlichen Faktors. Auch im bereits betrachteten Beispiel des Büroangestellten können wir eine zeitliche Dimension ausmachen. Es reicht nicht, dass er weiß, *irgendwann* befördert werden zu können; um durch diese Perspektive spürbar hoffnungsvoller zu werden, muss ihm ein mehr oder weniger konkreter zeitlicher Rahmen präsentiert werden: *In den nächsten zwei Jahren kannst du befördert werden.* Mit dieser Aussage kann der Angestellte planen. Die Bedeutung dieser Zeitmarke wird erneut deutlich, wenn der zeitlich gesteckte Rahmen nicht eingehalten wird. Der Angestellte wird höchst unzufrieden sein, wenn er erst nach fünf Jahren eine Beförderung erhält, weil er mit zwei Jahren gerechnet hat, er fühlt sich übergangen oder nicht wertgeschätzt. Wenn er hingegen bereits nach eineinhalb Jahren die in Aussicht gestellte Beförderung erhält, wird er sich noch stärker darüber freuen, da seine Erwartungen sogar noch übertroffen wurden.

Die Erwartungshaltung ist bei der Zielsetzung ebenfalls von großer Bedeutung. In der Ökonomie gibt es eine Faustformel, die lautet:

Zufriedenheit ist die Differenz aus Erwartung und Ergebnis
(Berekoven, Eckert, & Ellenrieder, 2009).

Nehmen Sie an, Sie sind Fußballfan und gehen ins Stadion, wenn Ihre Mannschaft gegen den großen FC Bayern München antritt. Sie *erwarten* im Grunde eine Niederlage Ihres Teams, das jedoch durch eine starke kämpferische Leistung ein Unentschieden erringt. Sie sind mit diesem Unentschieden hoch *zufrieden*, denn Sie hatten weniger erwartet. Wenn Ihre Mannschaft hingegen gegen einen Abstiegskandidaten nur Unentschieden spielt, obwohl ein Sieg erwartet worden wäre, sind Sie *unzufrieden* / enttäuscht. Dasselbe Resultat führt zu zwei völlig unterschiedlichen Zufriedenheitsgraden, abhängig von der Erwartung.

Ziele definieren

Zusammenfassend lässt sich daher sagen, dass wir in unserem Alltag Ziele brauchen. Sie motivieren uns und geben uns eine Richtung vor. Sie sind sinnstiftend, da wir im Beruf oder in der Partnerschaft mit einer klaren Perspektive vor Augen und mit dem Wissen, *warum* wir etwas tun, messbar zufriedener sind. Dabei spielt bei der Definition von Zielen eine Rolle, in welchem Zeitraum wir sie erreichen wollen. Ob wir am Ende zufrieden sind, hängt davon ab, ob wir unser Ziel erreicht sowie den veranschlagten Zeitraum dafür benötigt haben oder ob wir diesen entweder unter- oder überschritten haben.

Mit diesem Wissen an der Hand ist es deutlich leichter, im Dialog konkrete Ziele auszumachen. Wichtig ist dabei: Ziele sind individuell! Der Dialogpartner sollte also keinesfalls zu viel vorgeben, denn auch, wenn manche Ziele, wie beruflicher Aufstieg, finanzielle Unabhängigkeit oder Familiengründung, bei sehr vielen Menschen eine Rolle spielen, kann es immer auch Klienten geben, die völlig andere Ziele haben. Die Antwort ruht im Klienten selbst, es gilt nur, diese *zur Welt zu bringen*, wie folgendes Beispiel verdeutlicht:

Der Klient ist sich unsicher ob seiner Ziele im Leben. Durch seine Prägung und sein Elternhaus hat er gewisse Werte und Ziele mit auf den Weg bekommen, doch spürt er innerlich, dass diese bürgerlichen Werte unter Umständen nicht seinen wahren Zielen entsprechen.

Therapeut: „Beschreiben Sie mir bitte das Problem, weshalb Sie mich heute aufgesucht haben.“

1. Konflikt definieren:

Klient: „Ich bin mir unsicher, was ich mit meinem Leben zukünftig anfangen soll. Ich denke, ich habe bereits einige spannende Dinge erlebt, aber ich hatte bisher nie eine wirkliche Perspektive für mich ausmachen können.“

2. Exploration / Definition der Begriffe:

T: „Was bedeutet Perspektive für Sie?“

K: „Sie kennen doch die Frage von Einstellungsgesprächen oder Seminaren, nicht wahr? *Wo sehen Sie sich selbst in fünf / zehn / fünfzehn Jahren* ...? Diese Frage kann ich für mich nicht beantworten. Ich könnte natürlich auch einfach mit den üblichen Floskeln daherkommen. Reihenhaus, eigenes Auto und einen gepflegten Garten; aber das ist es nicht.“

3. Infragestellung:

T: „Warum nicht?“

K: „Das engt mich ein in meiner Freiheit. Es ist sehr spießig. Meinen Eltern würde es natürlich gefallen, wenn ich eine solche Entscheidung treffen würde. Wahrscheinlich wünscht man sich für sein Kind immer, dass es in geordneten Verhältnissen lebt. Aber was heißt schon geordnet?“

T: „Welche Werte sind Ihnen also wichtig?“

K: „Freiheit, Selbstbestimmung, auch Abenteuerlust, wenn man das als Wert bezeichnen kann. Ich versuche so gut es geht, ungebunden zu bleiben und meine Neugier nicht zu verlieren.“

T: „Wann würden Sie Ihre Neugier verlieren?“

K: „Ich befürchte, wenn ich ein zu sehr geregeltes Leben habe. Irgendwann hat man alles, was man braucht. Man ist zufrieden mit dem, was man hat, und nicht mehr interessiert an dem, was außerhalb der eigenen Welt liegt.“

4. Wiederaufnahme der Frage:

T: „Sie haben also Vorstellungen von dem, was Sie nicht wollen.“

K: „Exakt – was ich nicht will, weiß ich, aber was ich will, weiß ich nicht.“

T: „Beschreiben Sie Ihre ideale Welt, in der Sie jetzt aktuell leben möchten; unabhängig von der Zukunft.“

5. Erkenntnis:

K: „Ehrlich gesagt würde ich am liebsten ein Drittel des Jahres auf Reisen verbringen. Einfach rauskommen, die Welt entdecken, neue Länder und Kulturen kennenlernen. Den Rest des Jahres würde ich dann wahrscheinlich arbeiten, aber auch etwas Kreatives, Freies – keine Festanstellung. Vielleicht lerne ich auf Reisen ja jemanden kennen. Eine potenzielle Partnerin, das wäre doch romantisch, oder?“

T: „Wie kann man dieses Ideal verwirklichen?“

K: „Ich müsste erst einmal einen Job finden, den ich so frei und kreativ ausüben kann. Wenn das dann läuft, dann könnte ich immer noch versuchen, meine Weltreise zu planen. Es gibt ja heutzutage digitale Nomaden, die von überall auf der Welt arbeiten können. Wahrscheinlich bräuchte ich einen solchen Job.“

Auch hier unterbrechen wir den beispielhaften Dialog vor seiner Vollendung. Doch eine erste Erkenntnis steht auch hier für den Klienten bereits fest. Der Therapeut hat sich über die Frage nach den Werten und den Idealvorstellungen in der aktuellen Zeit (zeitliche Dimension der Ziele) dem Idealbild des Klienten genähert. Im Folgenden kann dieser nun selbst die Weichen stellen, um dieses Idealbild zu verwirklichen, eben indem man sich einen Job sucht, der sich mit der Reiselust des Klienten verbinden lässt. Dieser würde sich dann automatisch freier und weniger eingeengt fühlen als in einer festen Anstellung. Ihm wurde noch einmal bewusst, dass eine bürgerliche Existenz im Sinne seiner Eltern nicht mit seinem Freiheitsideal vereinbar ist. Doch ohne finanzielle Absicherung möchte er die Weltreise nicht unternehmen, so viel Risiko ist auch er nicht bereit, zu gehen – daher die berufliche Absicherung. Im Grunde lag die Antwort auch hier bereits im Klienten, sie war ihm nur noch nicht bewusst. Durch wenige Fragen gelang es dem Therapeuten, aus dieser Erkenntnis ein konkretes Ziel zu formen, mit welchem der Klient arbeiten kann.

Entscheidungsfindung

Um Ihre Ziele zu erreichen, müssen Sie Entscheidungen treffen. Wenn Sie eine berufliche Karriere und einen entsprechenden finanziellen Verdienst als großes Ziel vor Augen haben, müssen Sie sich entscheiden, in welchem Unternehmen Sie dieses Ziel am ehesten erreichen können. Gegebenenfalls müssen Sie dazu auch Ihren Wohnort wechseln oder Zusatzqualifikationen erwerben. Möchten Sie Ersteres zum Beispiel nicht, haben Sie sich entschieden, in Ihrem bekannten Umfeld zu bleiben, dafür aber etwas geringere Karrierechancen in Kauf zu nehmen.

Gerade derart richtungsweisende Entscheidungen sind nicht leicht zu treffen. Es bedarf einer Abwägung des *Für und Wider* und reiflicher Überlegung, gegebenenfalls sogar einer passenden Intuition. Doch nach dem Prozess des Abwägens und Durchdenkens sollte eine finale Entscheidung getroffen werden. Manche Menschen tun sich sehr schwer damit, sich für oder gegen etwas zu entscheiden. Sie möchten sich gerne so lange es geht so viele Optionen wie möglich offenhalten und haben Angst, sich falsch entschieden zu haben. Oftmals sind diese Menschen auch bei weniger gravierenden Entscheidungen sehr zurückhaltend, können sich zum Beispiel im Restaurant nicht entscheiden, welches der vielen schmackhaft anmutenden Gerichte sie auswählen sollen oder welche der beiden Hosen sie kaufen sollen, da doch beide irgendwie gut aussehen.

Ohne Entscheidungen können Sie Ihre Ziele nicht erreichen. Entscheiden heißt, Verantwortung für sich und sein Handeln zu übernehmen, verbunden mit dem Risiko, eine falsche Entscheidung getroffen zu haben. Doch mit diesem Risiko müssen wir leben. Vielleicht wählen wir das falsche Gericht von der Speisekarte und ein anderes hätte uns wesentlich besser geschmeckt, vielleicht wählen wir ausgerechnet die Hose, die beim Waschen eingeht oder abfärbt, und wären mit der anderen besser bedient gewesen. Doch welche Alternative gibt es? Wir können sämtliche Entscheidungen von jemand anderem treffen lassen, doch dann sind wir fremdbestimmt und abhängig, was für die meisten Menschen ebenfalls keine Alternative darstellt. Der Appell lautet also sinngemäß: *Treffen Sie keinesfalls unüberlegte Entscheidungen, aber treffen Sie früher oder später welche*!

Wenn Sie zu den Menschen gehören, die nur schwer Entscheidungen treffen können, seien Sie unbesorgt, denn auch hier kann der Sokratische Dialog Ihnen helfen. Der Therapeut kann Sie zu einer Entscheidungsfindung bewegen, ohne Sie direkt darauf zu stoßen; denn auch hier liegt die Entscheidung bereits in Ihnen – Sie müssen sie nur noch treffen:

Beispiel: Der Klient steht vor der Entscheidung, seinen Wohnort zu wechseln, um mit seiner Partnerin zusammenzuziehen. Er ist in seinem Wohnort aufgewachsen und daher verwurzelt. Eine berufliche Perspektive würde sich an beiden Wohnorten bieten. Eine gemeinsame Zukunft mit seiner Partnerin kann der Klient sich vorstellen. Die Frage ist also, ob er den Schritt wagen soll oder nicht. Die Entscheidungsfindung belastet ihn schon seit geraumer Zeit.
Therapeut: „Bitte erklären Sie mir die Situation, die Ihnen die Entscheidung so schwer macht.“

1. Entscheidungsfrage definieren:

Klient: „Ich kann mich einfach nicht entscheiden, ob ich zu meiner Partnerin ziehen soll oder nicht. Sie kann nicht so weit von zu Hause weg, das hat familiäre Gründe. Außerdem hat sie dort die Eigentumswohnung ihrer Eltern. Es wäre sehr praktisch, zumal wir uns eine gemeinsame Zukunft vorstellen können. Aber ich müsste von hier weg und das will ich irgendwie auch nicht. Ich lebe schon mein ganzes Leben hier und die Familie und Freunde sind auch da.“

2. Definition der Begriffe / Exploration:

T: „Was bedeutet Ihr gewohntes Umfeld Ihnen?“
K: „Sehr viel. Man fühlt sich vertraut, man kennt die Leute und muss sich keine Gedanken machen, ob man neue Leute kennenlernt. Ich bin nun Ende 20, natürlich findet man irgendwo Anschluss, aber hier ist eben alles selbstverständlich.“
T: „Wie wichtig ist Ihnen Sozialität?“
K: „Sehr wichtig, ich bin ein geselliger Mensch, gehe gerne raus. Es muss nicht immer die große Party sein, aber ich sitze gerne mit Leuten zusammen und unterhalte mich.“
T: „Und was bedeutet Ihnen die Beziehung zu Ihrer Partnerin?“
K: „Das ist ja eben der Konflikt, auch zu ihr fühle ich mich sehr stark hingezogen. Mit ihr passt einfach alles. Wir haben schon über Kinder gesprochen, das können wir uns beide vorstellen.“

3. Infragestellung der Entscheidungssuche:

T: „Könnten Sie Ihre Partnerin verlassen?“
K: „Nein – niemals. Also was heißt niemals. Wenn nichts absolut Unvorstellbares passiert, dann nicht, nein!“
T: „Können Sie sich eine Fernbeziehung auf Dauer vorstellen?“
K: „Aktuell klappt das mit dem Pendeln ganz gut, später, wenn wir eine Familie haben möchten, wird das allerdings nicht mehr gehen. Das ist klar.“
T: „Wie relevant ist für Sie die Familienplanung?“
K: „Durchaus relevant. Ich wollte immer zwei Kinder, sie will erst einmal eins, aber das kriegen wir sicherlich geregelt.“
T: „Könnten Sie darauf verzichten?“
K: „Nein, ich denke nicht, oder nur sehr schwer.“

4. Erneute Aufnahme der Frage:

T: „Also können Sie sich nicht vorstellen, nicht mit Ihrer Partnerin zusammen zu sein, habe ich das richtig verstanden?“

5. Erkenntnis:

K: „Ja, ich denke schon. Wenn Sie es so präzise formulieren, dann stimmt das auf alle Fälle. Sie haben recht. Ich kann neue Freunde und Bekannte finden, meine alten Freunde sehe ich dann, wenn ich in die Heimat fahre. Außerdem gibt es heutzutage ja Social Media und Videotelefonie. Ich werde meine Freunde also weiterhin sehen und mit ihnen in Kontakt bleiben. Mit meiner Partnerin geht das natürlich nicht, wir können kein Kind über Video-Calls großziehen. Ich muss also zu ihr ziehen und den Schritt wagen.“

Wir sehen bei diesem Beispiel, dass der Klient im Grunde wusste, dass es für ihn keine Alternative zum Umzug, also zum Zusammenziehen mit der Partnerin, gibt. Er tat sich bloß schwer damit, seine Gedanken zu ordnen und präzise zu formulieren. Die Fragen haben ihm dabei geholfen, das klar zu sehen, was bereits die ganze Zeit in ihm ruhte. Nun kann er seine Entscheidung final treffen. In diesem Fall war die Entscheidung sicherlich nicht überaus schwierig, andere Entscheidungen können diffiziler sein, doch meistens haben wir eine Tendenz, die wir umgangssprachlich gerne als Bauchgefühl bezeichnen, hinter der aber oft mehr als nur bloßes Gefühl steht. Wenn Sie es schaffen, die Überlegungen zu ordnen, die hinter der gefühlt richtigen Entscheidung stehen, können Sie sich in den meisten Fällen bestätigt fühlen. Wenn Sie selbst vor einer schwierigen Entscheidung stehen, können Sie den Sokratischen Dialog auch mit Menschen aus Ihrem Umfeld durchspielen, dies kann ebenfalls effektiv sein und Ihnen zumindest eine Richtung vorgeben.

Negatives (Selbst-) Bild

Vielleicht kennen auch Sie Menschen in Ihrem Umfeld, die fast alles negativ sehen. Egal, was passiert, die Grundhaltung dem gegenüber ist immer eine negative – „Das kann ich nicht“, „Das ist zu anstrengend“, „Die Person A kann mich ohnehin nicht leiden“ etc. Oftmals empfinden wir Menschen mit einer negativen Grundhaltung als anstrengend, denn sie können uns den Optimismus nehmen und selbst angenehme Situationen mit einem negativen Einschlag versehen. Doch am meisten schaden Menschen sich selbst, wenn Sie alles und jeden negativ betrachten – allen voran auch ihre eigenen Handlungen und ihre eigene Persönlichkeit. Die Selbstwahrnehmung kann ein entscheidender Faktor für das Wohlbefinden sein. Ein negatives Selbstbild führt oft dazu, dass man auch die Welt negativ beurteilt, getreu dem Motto: „Mich kann man überhaupt nicht lieben / schätzen. Wenn jemand nett zu mir ist, dann bestimmt nur als Kalkül, denn es gibt sonst keinen Grund, warum man mir positiv gegenübertreten sollte.“ Ein derartiges Selbstbild kann selbstzerstörerisch wirken, es ist dennoch ein schwieriges Unterfangen, sich von derart festgefahrenen Ansätzen zu lösen. Wir haben es oft mit *Glaubenssätzen* zu tun. Der Prozess des Hinterfragens und Reflektierens im Rahmen des Sokratischen Dialogs kann jedoch einen entscheidenden Impuls zur Veränderung der negativen Glaubenssätze geben.

ⓘ

Information: Glaubenssätze

Bei Glaubenssätzen handelt es sich um grundsätzliche Annahmen, die ein Mensch über sich, sein Umfeld und die Welt im Allgemeinen trifft. Glaubenssätze sind oft pauschal und grundlegend, das heißt, eine Aussage wie „Die Welt ist schlecht“ oder „Der Mensch ist von Grund auf gut“ kann als Glaubenssatz bezeichnet werden. Die meisten Menschen haben ein kleineres oder größeres Bündel an Glaubenssätzen, die sie in ihrem Alltag mit sich tragen. Dabei gibt es einen Unterschied zwischen positiven und negativen Glaubenssätzen. Wer glaubt, dass der Mensch von Grund auf gut ist, wird seinen Mitmenschen positiver gegenübertreten als jemand, der die Welt als von Grund auf schlecht bezeichnet. Generell ist es ratsam, die eigenen Glaubenssätze zu hinterfragen und gegebenenfalls auszudifferenzieren, denn Pauschalaussagen stimmen in den seltensten Fällen zu einhundert Prozent.

Veränderung limitierender Glaubenssätze und Ansichten

Auf Dauer ist es schwer, mit einem Bündel an negativen Glaubenssätzen, also einem negativen *Mindset*, durchs Leben zu gehen. Die mentale Belastung dieser Gedanken wird schnell spürbar und kann zu einer tieferen Krise führen. Das Ziel der Therapie und des Sokratischen Dialogs ist es demnach, eine Veränderung der limitierenden Denkweisen vorzunehmen und neue positive Energie zu entfalten.

Was machen Glaubenssätze mit uns?

Glaubenssätze können einen massiven Einfluss darauf haben, wie wir die Welt wahrnehmen. Der Mensch neigt dazu, Ereignisse in seinem Leben oder in der Welt so zu deuten, dass sie in die eigene Sicht der Dinge passen. Wenn Sie also grundsätzlich misstrauisch sind und davon ausgehen, dass Ihre Mitmenschen Ihnen schaden oder Sie übervorteilen wollen, werden Sie soziale Interaktionen unter diesem Gesichtspunkt deuten. Wenn Ihnen ein Bekannter etwas schenkt oder Ihnen einen Gefallen tut, werden Sie davon ausgehen, dass er im Gegenzug einen viel größeren Gefallen von Ihnen erwartet. Anstatt sich zu freuen, überlegen Sie also bereits, was der Bekannte im Gegenzug von Ihnen wollen könnte, und bleiben so in einer negativen Gedankenspirale verhaftet. Ebenso misstrauen Sie zum Beispiel Ihrer Partnerin. Wenn sie später von der Arbeit nach Hause kommt, gehen Sie nicht davon aus, dass sie mehr gearbeitet hat oder im Stau stand, sondern Sie vermuten wahrscheinlich, dass sie eine Affäre hat, und beginnen, ihr zu misstrauen.

Auch unsere Ängste können uns stark prägen und zu Glaubenssätzen werden. Wenn Sie davon ausgehen, dass die Welt ein gefährlicher Ort ist, werden Sie Situationen anders beurteilen, als wenn Sie mit einem gewissen Grundvertrauen in die Welt hineingehen. Nehmen wir noch einmal das Beispiel der Partnerin, die später von der Arbeit nach Hause kommt. Wenn Sie davon ausgehen, dass die Welt gefährlich ist, vermuten Sie wahrscheinlich einen Unfall oder Sie gehen zumindest davon aus, dass ihr etwas Schlimmes zugestoßen ist. Auch hier werden Sie von negativen Gedanken bestimmt, anstatt sich zu entspannen und die wahrscheinlichste und naheliegendste Variante anzunehmen, nämlich dass sie einfach bloß länger arbeiten muss.

Unsere Glaubenssätze beeinflussen also in starkem Ausmaß, wie wir die Welt wahrnehmen, und somit auch, wie wir selbst von anderen wahrgenommen werden. Im schlimmsten Fall werden unsere negativen Glaubenssätze zu *selbsterfüllenden Prophezeiungen*. Wenn wir misstrauisch sind und unseren Mitmenschen mit Misstrauen begegnen, wird unsere Interaktion durch diesen Glaubenssatz geprägt; wir verhalten uns distanziert, reserviert und lassen niemanden an uns heran. Somit wirken wir auf andere weniger sympathisch, zudem ist es dem Gegenüber unangenehm, stets unser Misstrauen zu empfangen. Somit erzeugen wir selbst eine negative Grundstimmung und eine ablehnende Haltung uns gegenüber, die uns wiederum in unserer Annahme bestätigt, dass andere Menschen grundsätzlich *gegen uns* sind und wir niemandem vertrauen können. Unsere negative Annahme wird deshalb zur Realität, weil wir so konsequent an ihr festgehalten haben.

Positive und negative Glaubenssätze

Glaubenssätze können sowohl positiv als auch negativ sein. Auch der feste Glaube daran, dass *das Leben schön ist* oder die *Menschen im Grunde Ihres Herzens gut* sind, stellt einen Glaubenssatz dar, der in diesem Fall aber eine positive Wirkung darauf hat, wie Sie Ihre Mitmenschen im Alltag wahrnehmen. Positive Glaubenssätze können befreiend wirken und Ihnen ein gutes Gefühl verleihen, wenn Sie etwas tun. Anders als bei negativen Glaubenssätzen, wo Sie selbst Geschenke oder nett gemeinte Komplimente als etwas Verdächtiges, tendenziell Negatives, wahrnehmen, können positive Glaubenssätze dazu führen, dass Sie sogar tendenziell negative Ereignisse positiv umdeuten. Wenn Ihr Chef Ihnen einmal wieder zu viel Arbeit gibt oder Sie für etwas kritisiert, denken Sie zum Beispiel: „Er traut mir viel zu, sonst würde er mir nicht so viel Arbeit geben“ oder „Er hält sehr viel von meiner Arbeit, daher kritisiert er mich für den kleinsten Fehler, weil er ansonsten Perfektion gewohnt ist.“ Statt eines Konfliktes und einer negativen Gedankenspirale erleben Sie sogar ein positives Gefühl und gehen im Anschluss mit Motivation und Selbstvertrauen an die Arbeit anstatt mit Demotivation und Selbstzweifeln.

Negative Glaubenssätze wirken wie eine Handbremse, die während Ihrer Fahrt durchs Leben angezogen ist, positive Glaubenssätze können hingegen die Wirkung eines Gaspedals entfalten, das Ihnen eine schnelle Fahrt in Richtung Ihrer Ziele ermöglicht. Negative Glaubenssätze können ihre Ursache in dysfunktionalen Kognitionen haben. Diese haben wir bereits im vergangenen Kapitel betrachtet. Ziel der Therapie und des Sokratischen Dialogs muss es sein, die dysfunktionalen Kognitionen zu erkennen und aufzulösen. So verhält es sich auch mit den Glaubenssätzen. Versuchen Sie, die negativen Annahmen, mit denen Sie durchs Leben gehen, aufzulösen und im besten Fall durch positive Annahmen zu ersetzen.

Betrachten wir auch hier ein Beispiel:

1. Problem:

Klient: „Ich habe das Gefühl, dass niemand meine Persönlichkeit zu schätzen weiß. Alle sind gegen mich.“

2. Exploration:

Therapeut: „Woran machen Sie das fest? Woran merken Sie, dass jemand *gegen* Sie ist?“

K: „Es sind die Blicke, sie sind skeptisch und misstrauisch. Man fühlt sich nicht wohl und hat das Gefühl, dass andere Leute sich auch nicht wohlfühlen, wenn ich in der Nähe bin.“

3. Infragestellen:

T: „Wie gelangen Sie zu dieser Schlussfolgerung? Können Sie das irgendwie belegen?“

K: „Nein, belegen kann ich es nicht. Ich spüre es einfach, wenn ich in einen Raum hineinkomme, es stößt mir Ablehnung entgegen.“

T: „Lehnen Sie die anderen Leute in dem Raum ab?“

K: „Wenn ich merke, dass sie mich ablehnen, halte ich mich natürlich zurück. Ich baue eine Art Schutzschild um mich herum, ich denke, das ist normal.“

T: „Wie sieht dieses Schutzschild aus?“

K: „Ich spreche nur sehr wenig, antworte auf Fragen nur das Nötigste. Ich versuche, mich ein wenig abzugrenzen.“

T: „Was würden Sie denken, wenn jemand anderes sich so verhalten würde?“

K: „Ich würde die Person vermutlich als ablehnend wahrnehmen. Irgendwie als unnahbar, weil sie niemanden an sich heranlässt.“

4. Aufnahme der Frage:

T: „Strahlen Sie also selbst Ablehnung aus?“

K: „Das kann sein, vielleicht nehmen andere mich so wahr. Sie denken, dass die negative Energie von mir kommt.“

T: „Was können Sie ändern?“

5. Erkenntnis:

K: „Ich darf mich nicht so sehr verschließen. Weil ich selbst Angst hatte, auf Ablehnung zu stoßen, habe ich mir ein zu dicker Schutzschild aufgebaut und niemanden mehr eng an mich herangelassen. Wenn ich positiver auf die Leute zugehen würde, würden sie vielleicht auch positiver auf mich zugehen.“

Die Situation ist hier vom Therapeuten klar erkannt worden. Es handelte sich um eine *selbsterfüllende Prophezeiung*. Da der Klient davon ausgeht, dass jeder gegen ihn ist, hat er im vorauseilenden Gehorsam gegenüber seinen eigenen negativen Gedanken gehandelt und sich selbst abgekapselt. Er glaubte, sich vor den anderen schützen zu müssen, doch in Wahrheit verschloss er sich auf diese Art gegen jedwede positive Impulse von außen. Dadurch, dass er selbst als abweisend galt, bestätigte sich seine These, dass andere Menschen nicht gerne mit ihm zu tun hatten. Man könnte diesen Dialog sogar noch einen Schritt weiter führen und so versuchen, den negativen in einen positiven Glaubenssatz zu verwandeln.

T: „Glauben Sie, Ihr Umfeld würde das begrüßen?“

K: „Sicherlich, ja. Vielleicht würden sich einige Leute sogar freuen. Ich glaube, wenn ich mich richtig erinnere, gab es sogar den einen oder anderen Kollegen, der mal den Kontakt zu mir gesucht hat, sich etwas ausführlicher unterhalten wollte.“

T: „Glauben Sie, es könnten Ihnen positive Energien entgegenschlagen?“

K: „Das kann gut sein. Sehr wahrscheinlich sogar. Denn was ich ausstrahle, kommt auch zu mir zurück. Wenn ich positiv bleibe, werde ich auch positive Erlebnisse haben.“

Hier macht der Klient aus einer negativen Grundannahme eine positive. Er erkennt, dass er durch seine Ausstrahlung in der Lage ist, sein Umfeld positiv oder negativ zu beeinflussen. Der Glaubenssatz *„Ich muss nur selbst positiv denken/ handeln, dann werde auch ich positive Rückmeldung erfahren“* kann hier den alten Glaubenssatz *„Alle sind gegen mich“* vollständig verdrängen.

Negative Glaubenssätze auflösen

Lassen Sie sich nicht von Ihren Gedanken kontrollieren, sondern kontrollieren Sie Ihre Gedanken! Wenn es Ihnen gelingt, Ihr Mindset in eine positive Richtung zu verändern, sind Sie auf einem guten Weg zur Besserung oder gar Lösung Ihrer mentalen Probleme. Kompakt zusammengefasst benötigen Sie folgende vier Schritte, um Ihre Glaubenssätze ins Positive umzukehren:

1. Erkennen der Glaubenssätze:

Einsicht ist auch hier der erste Weg zur Besserung. Im Rahmen des Sokratischen Dialogs können Sie gemeinsam mit Ihrem Gesprächspartner herausarbeiten, welche negativen Gedanken und Grundannahmen Ihren Alltag erschweren. Fragen Sie sich selbst: „Welche Annahmen treffe ich?", „Wie sehe ich die Welt / mich selbst in der Welt?" Denken Sie dabei an konkrete Situationen, in denen Sie negative Annahmen getroffen haben. Wie kamen Sie zu diesen Annahmen? Hat sich Ihre negative Einschätzung bewahrheitet und wenn ja, warum? Durch das gezielte Fragen Ihres Dialogpartners wird es einfacher für Sie sein, Ihre eigenen Glaubenssätze zu erkennen. Dabei helfen Ihnen oftmals bestimmte Signalwörter. Ihre Kennzeichen sind, dass sie oftmals verabsolutieren und verallgemeinern. Worte wie „immer", „jeder", „niemand / keiner", „ich muss", „ich soll", „ich darf nicht" sind klassische Beispiele für dogmenhafte Glaubenssätze, die sich über die Jahre hinweg in Ihrem Denken etabliert haben, für die es aber keine konkreten Anhaltspunkte in der Realität gibt. Anbei zudem eine Liste mit klassischen (Fehl-) Annahmen, die Ihren Alltag erschweren können:

- „Ich bin nicht gut (genug) so, wie ich bin."
- „Ich kann niemandem vertrauen."
- „Niemand mag mich / liebt mich / achtet mich."
- „Ich darf unter keinen Umständen Fehler machen."
- „Ich muss alles alleine schaffen."
- „Ich bin eine Belastung für andere."
- „Ich muss immer stark und souverän sein / darf mir keine Hilfe holen."
- „Ich habe kein Talent für ..."

Es könnten an dieser Stelle weitere Beispiele aufgeführt werden, doch diese Beispiele verdeutlichen bereits, worum es geht. Alle diese Sätze enthalten Limitierungen, die für Sie schädlich sein oder werden können. Durchbrechen Sie daher diese Gedankenmuster!

2. Realitätscheck:

Unterziehen Sie die oben genannten Glaubenssätze (oder wahlweise die auf Sie zutreffenden) einem Realitätscheck. Glaubenssätze klingen oft wie absolute Wahrheiten, aber sie sind es nicht, sie entbehren sich meist sogar jeder Grundlage. Die Aufgabe des Dialogpartners im Rahmen des Sokratischen Dialogs ist es daher, diese Sätze infrage zu stellen. Dabei sollte er möglichst wenig vorgeben, das heißt, nicht von sich aus negieren, sondern durch gezielte Fragen den Reflexionsprozess des Klienten anstoßen:

- „Wie kommen Sie zu dieser Einschätzung?“
- „Können Sie diese Einschätzung belegen?“
- „Hilft Ihnen dieser Gedanke beim Erreichen Ihrer Ziele oder blockiert er Sie dabei?“

3. Veränderung der Glaubenssätze:

Etablieren Sie anstelle der negativen Gedanken und Grundhaltungen positive Glaubenssätze, die Ihnen im Alltag den Rücken stärken. In dem oben genannten Beispiel haben wir gesehen, wie ein Klient seine Haltung von „Alle Leute stehen mir ablehnend gegenüber“ in „Wenn ich Positivität ausstrahle, erhalte ich sie auch zurückgespiegelt“ ändern konnte. Bleiben Sie stets positiv gestimmt, auch wenn es manchmal schwerfällt. Natürlich sollen Sie sich dabei nicht selbst belügen. Nicht alles im Leben ist positiv, es geht jedoch um die Grundhaltung, mit der wir den Dingen begegnen. Wenn Sie zum Beispiel eine Prüfung an der Uni schreiben und nichts von dem Stoff verstehen, ergibt es wenig Sinn, sich einzureden, dass man den Stoff eigentlich kann, wenn man nur mit einer positiven Einstellung in die Prüfung geht. Anstatt zu denken, „Ich kann das alles nicht“, können Sie sich jedoch sagen: „Ich kann das *noch* nicht.“ Die Aussage bleibt zunächst dieselbe – Sie haben den Stoff für die Prüfung aktuell nicht verstanden. Durch das Wort *noch* geben Sie der Situation aber eine positive Wendung: Sie werden es schaffen, Sie werden den Stoff verstehen und eine gute Prüfung absolvieren, Sie müssen nur dafür arbeiten.

Praxistipp:

Sprechen Sie sich den neuen, positiven Glaubenssatz vor oder schreiben Sie ihn auf. Auf diese Weise verfestigt er sich schneller. Sie können Ihre neue positive Einstellung zum Beispiel auch mit einem Lied verknüpfen, das inhaltlich und / oder melodisch zu Ihrem Glaubenssatz passt. Immer, wenn Sie in einer angespannten Situation sind, können Sie das Lied hören und denken automatisch positiver.

4. Positive selbsterfüllende Prophezeiungen:

Selbsterfüllende Prophezeiungen können zum Problem werden, wenn sie negativer Natur sind. Umgekehrt kann eine selbsterfüllende Prophezeiung aber auch zur Chance werden. Sie haben Ihre negativen Glaubenssätze bereits durch positive ersetzt, anstatt sich selbst einzureden, „Ich kann das nicht“, sagen Sie sich nun, „Ich kann das, wenn ich dafür arbeite“, anstatt sich selbst schlecht zu machen, indem Sie sagen, „Ich bin unsportlich“, sagen Sie sich: „Ich kann sportlich sein, wenn ich will.“ Durch diese Grundannahme ändern Sie das, was der französische Soziologe Pierre Bourdieu als *Habitus* bezeichnete.

Bourdieu untersuchte, noch zu Zeiten der französischen Kolonialherrschaft in Algerien, das Auftreten der dortigen Landbevölkerung sowie deren Überzeugungen, Werte, soziale Strukturen etc. Bourdieu stellte fest, dass sich der Habitus, also die Art und Weise des Auftretens im Zuge einer sozialen Interaktion, zwischen Kolonisierten und Kolonialbesatzern stark unterschied. Er führte dies auf die hierarchisch organisierte Gesellschaft zurück, die den einen implizierte, *„Ihr seid weniger wert“*, und den anderen: *„Ihr seid die Herrscher.“* Unbewusst adaptierten selbst diejenigen, die sich der Kolonialstruktur nicht beugen wollten, diesen Habitus (Bourdieu, 1982).

Vielleicht kennen Sie ähnliche Beispiele auch aus Ihrem Umfeld. Manche Menschen, oftmals Kinder von wohlhabenden oder sozial angesehenen Eltern (Kinder von Ärzten, Anwälten oder hoch dekorierten Politikern), haben ein gewisses Selbstverständnis und damit verbunden ein gewisses Auftreten, das nicht unbedingt mit den eigenen Fähigkeiten zusammenhängt. Sie sind jedoch derart von sich überzeugt, dass sie dies ausstrahlen und dadurch von anderen automatisch als kompetenter oder qualifizierter wahrgenommen werden. Auf der anderen Seite stehen Menschen, die in einer ökonomisch schwächeren Umgebung oder in einem sogenannten bildungsfernen Haushalt aufgewachsen sind, die wiederum den dortigen Habitus internalisiert haben. Obwohl sie unter Umständen nicht weniger kompetent, fleißig oder talentiert sind wie ihr Gegenüber, fliegen sie alleine aufgrund ihres Habitus unter dem Radar.

Versuchen Sie also, Ihren Habitus so gut es geht zu ändern; von einer negativen Grundhaltung, in der sie sich selbst kleinreden, zu einem positiven Auftreten, mit dem Sie auch nach außen hin Selbstsicherheit vermitteln. Stellen Sie sich dabei stets die Frage, „Wie würde eine selbstsichere Person handeln?“, und treten Sie dementsprechend auf. Alleine dadurch werden Sie von anderen als selbstsicher wahrgenommen und erhalten positive Rückmeldung zu Ihrem Auftreten. Dies bestärkt Sie wiederum und lässt Sie tatsächlich selbstsicher werden – die selbsterfüllende Prophezeiung ist eingetroffen, in diesem Fall spielt Sie Ihnen aber in die Karten.

ⓘ

Information: Habitus

Als Habitus werden gemeinhin die Umgangsformen und das Auftreten einer Person bezeichnet. Beschrieben wird die Art und Weise ihres Verhaltens in sozialen Kontexten, also: *Wie tritt jemand (anderen gegenüber) auf?* Insbesondere die Soziologen Norbert Elias und Pierre Bourdieu sorgten dafür, dass der Habitus-Begriff Einzug in die wissenschaftliche Sozialforschung hielt.

Bei Elias bezeichnet der Begriff des „sozialen Habitus“ die Gewohnheiten im Denken, Handeln und Fühlen eines Menschen, er sieht den Habitus also als eine Art Persönlichkeitsstruktur auf einer individuellen Ebene. Bourdieu erweitert den Begriff auf das Auftreten einer Person im Gesamten, das heißt inklusive Lebens- und Kleidungsstil, Vorlieben und auch der Sprache, zum Beispiel in Bezug auf Dialekte oder Soziolekte. Der Habitus biete Aufschluss über die soziale Stellung einer Person in der Gesellschaft.

In der heutigen Sozialwissenschaft wird der Habitus auch oft auf soziale Gruppen übertragen. Nicht nur der Einzelne habe einen internalisierten Habitus, sondern zum Beispiel auch eine soziale *Klasse*, etwa die sogenannte *Arbeiterklasse*. Ein aktuelles Beispiel ist etwa das Buch „Ein Mann seiner Klasse“ des Soziologen Christian Baron, in dem er seine eigene Kindheit und den Habitus seines Vaters, eines klassischen Arbeiters mit niedriger formaler Bildung, beschreibt. Der Habitus ist demnach sozial erlernt, kann aber auch bewusst verändert werden.

Sie haben in diesem Kapitel sicher einige Parallelen zum vorausgegangenen Kapitel zur Kognitiven Umstrukturierung entdeckt. Tatsächlich haben wir an dieser Stelle konkretisiert, was wir zuvor theoretisch betrachtet haben. Sie haben nun einen tiefen Einblick in die Praxis der Anwendung des Sokratischen Dialogs erhalten und konnten anhand der Beispiele einige Gesprächssituationen exemplarisch nachvollziehen. Im letzten Kapitel werden wir wiederum mit Beispielen arbeiten und uns dabei auf die klassischen Konfliktsituationen des Alltags fokussieren.

Umgang mit anderen: Der sokratische Dialog in Familie, Partnerschaft und Beruf

„Heirate auf jeden Fall!
Wenn du eine gute Frau bekommst, wirst du glücklich.
Wenn du eine schlechte Frau bekommst, wirst du Philosoph."
(Sokrates)

Dieser Satz von Sokrates ist aus heutiger Sicht sicherlich kein Beleg für ein besonders fortschrittliches Frauenbild des großen Philosophen, doch bezieht er sich hier vermutlich auf seine eigenen Erfahrungen, denn seine Ehe mit Xanthippe scheint, nach allem, was wir heute wissen, nicht besonders harmonisch gewesen zu sein. Vielleicht war Xanthippe ihrer Zeit aber auch bloß voraus und wendete schon damals die Methode des Widerspruchs gegen Sokrates an, der die Genialität seiner eigenen Gattin nicht erkannte.

Unabhängig von Sokrates' eigener Ehe ist das familiäre Umfeld, beziehungsweise die Paarbeziehung, eine klassische Domäne zur Anwendung des Sokratischen Dialogs. Denn oftmals haben wir es in partnerschaftlichen und familiären Kontexten mit Problemen zu tun, die unterschwellig über viele Jahre präsent sind und sich so immer weiter verschlimmern, ohne dass sie einmal explizit diskutiert werden. Wir kennen schließlich Berichte von Paaren, die sich getrennt haben und im Nachhinein feststellen: „Wir haben uns nie gestritten, das war ein großes Problem. Wir haben alles in uns hineingefressen und dem anderen nie klar und deutlich unsere Meinung gesagt." So kommt es zu Trennungen aus beinahe albernen Gründen, da diese niemals offen thematisiert wurden. Auch im Arbeitskontext gibt es diese unterschwelligen Probleme, die mithilfe des Sokratischen Dialogs erörtert und gelöst werden können.

Welche Form eignet sich für welches Problem?

Zur Erinnerung: Wir haben bereits drei Formen des Sokratischen Dialogs kennengelernt: den explikativen, den normativen und den funktionalen.

Explikative Dialoge

Explikative Sokratische Dialoge dienen der Erklärung:

Was ist es?

Was bedeutet es?

Was ist mit ... gemeint?

Es geht dabei um die Definition von Begriffen und grundsätzlichen Thematiken; mit dieser Art von Definition können Missverständnisse oder grundlegende Konflikte in Beziehungen vermieden werden. Nehmen wir an, ein Paar streitet sich, da er ihrer Meinung nach zu oft abends nicht nach Hause kommt, zweimal die Woche geht er zum Sport, einmal die Woche trifft er sich fest mit einem Kreis von Freunden und hin und wieder kommen weitere Verabredungen hinzu. Sie würde gerne mehr Zeit mit ihm verbringen.

Sie: „Du kommst so selten abends nach Hause, dabei sollte man in einer Beziehung viel Zeit miteinander verbringen."
Er: „Was bedeutet *selten* für dich und was *viel*?"
Sie: „Selten ist für mich an weniger als der Hälfte der Tage, viel wäre entsprechend mehr als die Hälfte. Vielleicht sogar noch ein wenig mehr. Eigentlich würde ich gerne fünf Tage in der Woche Zeit mit dir verbringen."

Lassen Sie uns an dieser Stelle kurz einhaken. Wir haben es mit einem Dialog zu tun, bei dem kein professioneller Therapeut die Fragen stellt. Dies ist bei alltäglichen Konflikten auch nicht nötig, schließlich scheint keiner der beiden Personen ernsthaft psychisch belastet und auch die Beziehung steht nicht grundsätzlich zur Disposition, sodass auch eine Paartherapie nicht notwendig ist. Sie sehen, dass der Sokratische Dialog auch zwischen zwei „Laien" stattfinden kann und trotzdem zielführend ist. Die Frau argumentiert zunächst normativ mit *ihrem* Empfinden – nämlich dass man in einer Beziehung viel Zeit miteinander verbringen sollte. Hier könnte bereits der erste Konflikt liegen, wenn der Mann zum Beispiel sagen würde, dass er diese Einschätzung nicht teilt und er Beziehungen gesünder findet, wenn die Partner sich nicht so häufig sehen. Doch dies tut er nicht, es herrscht also offenbar Klarheit über die grundsätzliche Frage. Er stellt daher eine wichtige Frage (Definition der Begriffe): „Was ist für dich selten und was viel?" Diese Frage ist essentiell, um den Konflikt und die Position der Partnerin zu verstehen. Viel bedeutet für sie viermal, eher fünfmal die Woche.

Er: „Das ist interessant. Bei mir ist es eher anders, ich finde ein- bis zweimal die Woche normal, alles, was darüber hinausgeht, finde ich *viel*. Nicht zu viel, aber auch nicht auffällig wenig. Ich würde also sagen, dass wir viel Zeit miteinander verbringen."

Sie: „Wir haben also unterschiedliche Auffassungen. Würde es dich denn stören, wenn wir noch einen Tag mehr hätten? Oder wenn wir uns einen Tag in der Woche nehmen, an dem wir immer etwas zusammen unternehmen?"

Er: „Das können wir gerne tun. Ich genieße es, meine Zeit relativ frei einteilen zu können, aber wenn wir uns einen festen Tag aussuchen, ist das doch eine gute Lösung. Ansonsten würde ich gerne etwas freier in meiner Wochengestaltung bleiben, so wie jetzt."

Die Erkenntnis, dass beide lediglich unterschiedliche Auffassungen haben, was viel und was wenig bedeutet, stellt sich bei beiden schnell ein. Beide können sich darauf verständigen, dass es wünschenswert wäre, wenn jeder auf seine Kosten kommt, sie in Form eines festen Tages zusammen, er, indem er die restlichen Tage freier planen kann. Wir haben es hier mit einem klassischen Kompromiss zu tun. Die Frage wurde zwar nicht explizit wieder aufgenommen, doch das Gespräch folgt in seinem Schema dem Sokratischen Dialog. Am Ende steht die Erkenntnis, dass der Konflikt am besten durch einen Kompromiss zu lösen ist, bei dem jeder der beiden auf seine Kosten kommt. Durch die Frage nach dem *Was – Was bedeutet es*? – wurde ein grundsätzliches Missverständnis geklärt, welches die Beziehung belasten könnte.

Normative Dialoge

Normative Dialoge dienen der Festlegung von Normen und Werten. Moralische Argumente sind dabei explizit zugelassen. Zentrale Fragen sind dabei:

„Ist es richtig, etwas zu tun / zu unterlassen?"

„Wie kann ich moralisch richtig handeln / was sollte ich nicht tun?"

Auch hier eignet sich ein Beispiel aus der Beziehungswelt. In diesem Fall ist ein Elternpaar sich uneins darüber, wie gegenüber dem Kind mit Konflikten umgegangen werden soll.

Mutter: „Ich finde, wir sollten uns auf keinen Fall vor dem Kind streiten. Kinder können den Streit nicht einordnen und werden so dadurch geschädigt."

Vater: „Wie wichtig ist dir Ehrlichkeit gegenüber unserem Kind?"

Mutter: „Du weißt, dass mir ein ehrlicher Umgang sehr wichtig ist."

Vater: „Ist es ehrlich, etwas zu verheimlichen?"

Mutter: „Nein, aber ich denke, dass diese Situation ähnlich ist wie bei einer Notlüge. Man verheimlicht etwas, aber mit einer guten Absicht."

Vater: „Es kommt also auf die Absicht an?"

Mutter: „Ja, für mich ist die Absicht entscheidend."

Vater: „Was ist mit Konflikten wie diesem, wenn wir sie geordnet austragen? Wir schreien nicht, wir unterhalten uns, aber wir sind nicht einer Meinung. Sollte das Kind nicht zumindest diese Art von Konflikt mitbekommen?"

Mutter: „Was versprichst du dir davon?"

Vater: „Einerseits Ehrlichkeit, andererseits lernt das Kind, dass Konflikte dazugehören."

Mutter: „Du hast recht. Wir können offene Gespräche auch vor dem Kind führen, aber sollten wir einmal eine emotionale Auseinandersetzung haben, möchte ich das unter uns behalten."

In diesem Fall wechseln die beiden Dialogpartner innerhalb des Dialogs ihre Rollen. Zunächst hinterfragt der Vater die Position der Mutter, dann ist es umgekehrt. Auch hier schließen beide einen Kompromiss, der für beide Seiten tragbar ist und der den Wert- und Normvorstellungen (Ehrlichkeit, Offenheit, aber auch elterliche Vorbildfunktion) beider Partner entspricht.

Funktionale Dialoge

Funktionale Dialoge sind stark an der Praxis orientiert. Es geht um konkrete Handlungsweisen und um die Fragen:

„Was soll ich tun?“

„Wie kann ich es umsetzen?“

Derartige Dialoge können bei Konflikten im Arbeitsumfeld besonders hilfreich sein. Nehmen wir ein Beispiel von einem Vorgesetzten, der mit der Arbeitsleistung eines neuen Mitarbeiters nicht einverstanden ist.

Vorgesetzter: „Ich hatte mir mehr Leistung von Ihnen erhofft. Ich halte Sie für qualifiziert, aber Ihre Arbeitsleistung entspricht nicht meinen Vorstellungen.“

Mitarbeiter: „Was hatten Sie erhofft? Wie sahen Ihre konkreten Vorstellungen aus?“

V: „Ich dachte, ich könnte Sie eigenverantwortlicher arbeiten lassen. Aber Sie brauchen viel Feedback, viel Hilfe der älteren Kollegen. Im Bewerbungsgespräch zählten Sie Eigenverantwortung zu Ihren Stärken, das merke ich bisher nicht.“

M: „Wie kann ich eigenverantwortlicher werden?“

V: „Sprechen Sie nicht jeden Schritt ab, den Sie gehen. Sie können auch direkt an Kunden schreiben oder Kosten kalkulieren, Sie müssen nicht jedes Mal fragen, ich habe Sie als vollwertigen Mitarbeiter eingestellt – machen Sie einfach.“

M: „Gut, dass Sie es sagen. Ich wurde in die Prozesse der Firma nicht wirklich eingearbeitet, ich hatte ein wenig das Gefühl, ins kalte Wasser geworfen zu werden. Daher habe ich mich immer rückversichert, aber wenn Sie mir bei diesen Aufgaben vertrauen, dann umso besser.“

V: „Das stimmt, wir müssen unseren On-Boarding-Prozess weiter optimieren. Aber ich würde Sie bitten, Entscheidungen zu treffen, die Sie für richtig halten. Gerne können wir in vier bis sechs Wochen ein weiteres Gespräch führen und den Fortschritt besprechen.“

Auch hier erleben wir einen klassischen Konflikt, der auf zu wenig Kommunikation beruht. Der Mitarbeiter fühlte sich nicht ausreichend eingearbeitet, traute sich aber offenbar nicht, dies dem Vorgesetzten gegenüber anzusprechen. Der Vorgesetzte wiederum hatte mehr Eigeninitiative erwartet, dies nach dem Vorstellungsgespräch aber offenbar nicht weiter konkretisiert. Durch den Dialog wurde das Problem angesprochen, das Nichtwissen auf beiden Seiten wurde offengelegt und am Ende wurde eine Erkenntnis in Form eines konkreten Lösungsansatzes entwickelt. Der Mitarbeiter weiß nun, *was* er zu tun hat.

Die Lösung liegt bereits in uns

Wir haben an mehreren Stellen im Buch den Bezug zur Mäeutik, also der Hebammenkunst, hergestellt und sind in diesem Kontext immer wieder darauf eingegangen, dass der Ansatz des Sokratischen Dialogs die Lösung eines jeden Problems bereits in uns verankert sieht. Wir müssen sie nur finden, aber die Fähigkeit zur Erkenntnis ist uns allen gegeben. Der Sokratische Dialog stellt also Eigenverantwortung und Erkenntnis in den Vordergrund. Zwar werden Denkweisen, vorschnelle Schlüsse oder belastende Kognitionen zunächst problematisiert, letzten Endes ist der Sokratische Dialog aber stets an einer Lösung interessiert. Der Grundgedanke ist, sich erst einmal mit dem Problem zu beschäftigen, dieses umfassend zu analysieren und danach gemeinsam eine Lösung zu erarbeiten. Somit denkt der Sokratische Dialog nicht in Problemen, sondern immer in *Lösungen*.

Ein gutes Tool bietet hierbei der *systemisch-lösungsorientierte* Ansatz. In einer systemisch-lösungsorientierten Beratung geht es um das Finden guter Lösungen für die Zukunft. Wir blicken also nicht zurück, sondern nach vorne. Alle bisherigen Versuche, ein Problem zu lösen, werden betrachtet und auch gewürdigt, jedoch geht es hier nicht so sehr um die Analyse der Ausgangslage, sondern mehr um die zukünftige Herangehensweise. Im Beratungsgespräch werden positive Ziele entwickelt, welche die Klienten ermutigen und motivieren sollen. Es werden Ziele definiert, für die es sich lohnt, auch schwierige Situationen zu überstehen, etwa der berufliche Aufstieg, mit der Perspektive, in der Position arbeiten zu können, die man sich erträumt hat, oder die Gründung einer Familie mit der Partnerin, mit der man glücklich ist.

Grundsätzlich gilt:

Positive Emotionen sind stärker als negative, deshalb sollte man motivierende Ziele festlegen, um gegen Ängste und Negativität anzukämpfen.

Positive Motivation ist das Stichwort! Stellen Sie sich einen Profisportler vor; der eine Trainer sagt ihm: „Wenn du hart trainierst, dann kannst du so gut werden, dass du eine Medaille gewinnst. Du kannst der Beste in deiner Sportart werden." Der zweite Trainer sagt ihm: „Wenn du nicht weiter trainierst, dann baust du ab, so wird es nichts mit dem Traum vom Profi. Also arbeite lieber hart, sonst kannst du die Karriere vergessen." Die Aussagen sind im Grunde identisch: Ohne Training wird man in der Sportart nichts erreichen. Doch die Herangehensweise ist eine völlig andere. Während der erste Trainer den Sportler motiviert, etwas Positives erreichen zu können, arbeitet der zweite mit Druck und Versagensängsten. Es ist nicht schwer, sich vorzustellen, dass der Sportler im ersten Fall besser performt als der im zweiten Fall, da er sich auf sein großes Ziel, den Gewinn einer Medaille, freut und keine Angst vorm Versagen mit sich herumschleppt.

Am besten lernen wir bereits im jungen Alter, dass wir Ziele festlegen sollen, die uns motivieren. Bestenfalls können wir so eine *intrinsische* Motivation in den Menschen wecken. Ein Kind motiviert man eher zum Lernen, wenn man ihm sagt, dass es mit guten Noten einmal Wissenschaftler werden kann und an Dinosauriern, Tieren, Pflanzen (oder was auch immer das Kind in dieser Zeit interessiert) forschen kann, als wenn man dem Kind droht: „Wenn du schlechte Noten schreibst, wird nichts aus dir." Die Wichtigkeit von Zielen im Leben für Erwachsene haben wir ebenfalls besprochen. Setzen Sie sich positive Ziele, genau wie bei der kognitiven Umstrukturierung. Verabschieden Sie negative Gedanken und mentalen Druck zugunsten von positiven Anreizen und Perspektiven. Sie werden sehen, dass es Ihnen im Alltag damit wesentlich besser geht.

Denken Sie dabei immer an die Lösung und nicht an das Problem. Sie werden, gemeinsam mit Ihrem Dialogpartner, eine passende Lösung finden, denn denken Sie immer daran: Die Lösung liegt bereits in Ihnen, Sie brauchen nur eine Hebamme für Ihre Lösungen, in diesem Fall Ihren Gesprächspartner im Rahmen des Sokratischen Dialogs.

Exkurs:

Der US-amerikanische Therapeut Steve de Shazer aus Milwaukee hat ein Modell der „lösungsorientierten Kurztherapie" entwickelt. Dabei orientiert er sich innerhalb seines Vorgehens nicht an dem Problem. Vielmehr schafft er eine Atmosphäre, die sich ausschließlich auf die Lösung konzentriert.

Hier geht es darum, nach Ausnahmen zu fragen, damit eine neue Geschichte aufzubauen und die Problemschilderung von der Lösungsseite aus anzugehen. Seine zentralste Annahme ist dabei, dass eine problemorientierte Denkweise keine Lösungen, sondern Probleme generiert. Gleichzeitig generiert der Austausch über Lösungen konkrete Lösungsansätze.

Innerhalb der lösungsorientierten Kurztherapie werden in kleinen Schritten für den Klienten realisierbare Ziele entwickelt. Zudem werden die auf diese Weise entwickelten Lösungen auf ihre Alltagstauglichkeit hin überprüft.

Auf der Basis dieser Interventionen wird der Einbezug des sozialen Umfelds möglich. Sowohl die lösungsorientierte Haltung als auch die Sichtweise des Beraters und auch das konsequente Vorgehen hinsichtlich der Suche und Herausarbeitung von gemeinsamen Lösungen bewirken nicht selten schnelle und langfristige sowie stabile Erfolge.

Grundannahmen der lösungsorientierten Beratung

- Innerhalb der lösungsorientierten Beratung wird davon ausgegangen, dass die Lösung und das Problem unabhängig voneinander existieren.
- Die lösungsorientierte Beratung zielt darauf ab, dass der Klient die Lösung aus eigener Kraft findet und entwickelt.
- Die Ressourcen, die für die Lösung eines Problems notwendig sind, tragen die Klienten in sich.

Streite und Konflikte lösen

Der Sokratische Dialog dient also auch dem Auflösen von Streiten und Konflikten. Konflikte belasten den Menschen mental, vor allem, wenn sie in einem Umfeld ausgetragen werden, in dem wir uns regelmäßig bewegen. Der Konflikt mit einem anderen Autofahrer, der uns die Vorfahrt genommen hat, oder mit einer fremden Person, die sich an der Supermarktkasse vorgedrängelt hat, lässt sich relativ leicht vergessen. Wir sehen die Person nie wieder und der Konflikt bezieht sich auf eine konkrete Situation, die sich in dieser Konstellation nicht wieder ereignen wird. Unangenehmer wird es, wenn wir etwa mit einem Nachbarn einen dauerhaften Konflikt haben, und Konflikte im unmittelbaren Arbeitsumfeld oder in der Beziehung werden nicht selten zur mentalen Dauerbelastung.

Gerade, wenn wir uns in diesem Umfeld bewegen, sollte es also unser Ziel sein, Konflikte bestmöglich aufzulösen. Der Dialog ist dabei das Mittel der Wahl, denn in einem zivilisierten Umfeld sollten wir darauf verzichten, Konflikte mit (verbaler) Gewalt oder unsozialem Verhalten auszutragen. Folgende Aspekte sollten Sie bei einem Dialog zur Konfliktlösung beachten:

Dialog zur Konfliktlösung

- **Position klar ausarbeiten:** Wenn Sie in einen Dialog eintreten, sollten Sie sich Ihrer Position im Gespräch bereits bewusst sein. Unkonkrete oder schwammige Formulierungen können zu Missverständnissen führen, diese wiederum können einen Konflikt befeuern. Drücken Sie sich klar und deutlich aus und vermitteln Sie Ihrem Gegenüber, auf welchem Standpunkt Sie stehen.

- **Offenheit zeigen:** Gehen Sie mit einer gewissen Offenheit ins Gespräch. Auch wenn Ihre Position klar ist, sollten Sie dennoch keinesfalls verschlossen oder ablehnend auf Ihr Gegenüber wirken. Hören Sie sich dessen Argumente in Ruhe an und denken Sie ernsthaft darüber nach, ob nicht auch eine gegenteilige Position zu Ihrer eigenen eine Daseinsberechtigung hat. Ziel sollte es nach Möglichkeit sein, einen Kompromiss zu schließen. Drücken Sie Ihre Offenheit durch Ihre Körpersprache aus. Lehnen Sie sich nicht zurück, wenn Ihr Gegenüber spricht, das signalisiert, dass Sie auf Distanz zu ihm gehen wollen. Verschränken Sie auch zum Beispiel nicht Ihre Arme, sondern deuten Sie körpersprachlich Ihre Offenheit an (Molcho, 2002).

- **Geduld bewahren:** Erwarten Sie nicht, dass bereits bei Ihrem ersten Dialog alle offenen Punkte geklärt werden können. Manche Konflikte gehen tief, insbesondere, wenn normativ argumentiert wird. Das subjektive Empfinden spielt bei Konflikten eine große Rolle. Bringen Sie also die nötige Geduld in der Sache und auch die nötige Geduld mit Ihrem Gesprächspartner auf.

- **Fähigkeit zum Dissens:** Nicht alle Konflikte lassen sich zu einhundert Prozent lösen. Manche Positionen mögen trotz zahlreicher Versuche letztlich nicht vereinbar sein. Das bedeutet allerdings nicht, dass Sie sich mit Ihrem Gegenüber nicht in einer anderen Situation einig werden können. Solange es Ihr grundsätzliches Arbeits- oder Liebesverhältnis nicht belastet, können Sie durchaus akzeptieren, dass Sie in manchen Punkten nicht übereinstimmen: *We agree to disagree.*

Kooperationsbereitschaft beim Gegenüber erzielen

In den Beispielen haben wir gesehen, wie wichtig die Kooperationsbereitschaft, also die Bereitschaft zu *Kompromissen*, ist. Beharren Sie nur dann auf Ihrem Standpunkt, wenn es sich um eine grundlegende Überzeugung handelt und ein Abweichen für Sie keine Option ist. Zum Beispiel, wenn Ihr Partner es in Ordnung findet, fremdzugehen, Sie aber der Meinung sind, dass dies in einer Beziehung in keinem Fall gerechtfertigt ist. In solch extremen Fällen kann es Sinn ergeben, beim eigenen Standpunkt zu bleiben. Doch bei „kleineren" Diskrepanzen sollten Sie flexibel bleiben und sich nach Möglichkeit auf Ihren Partner zubewegen. Eine Beziehung besteht immer aus Kompromissen, denn jeder Mensch ist anders und hat seinen eigenen Kopf. Es geht also nicht darum, dass man keine Kompromisse macht, sondern darum, dass man die richtigen macht, sodass beide sich damit wohlfühlen und glücklich werden können.

Viele Menschen gehen jedoch davon aus, dass sie nur dann erfolgreich sind, wenn sie sich durchsetzen und ihre eigenen Ziele und Bedürfnisse über die der anderen stellen. Wenn jeder so denkt, gibt es allerdings keine Bewegung aufeinander zu. Lassen Sie Ihr Gegenüber daher spüren, dass Sie zu Kompromissen bereit sind. Fragen Sie offen nach der Meinung oder der Einschätzung des anderen und seien Sie kommunikativ und körpersprachlich offen.

Kommunikation ist dabei das A und O! Sprechen Sie miteinander, auch über Ihre Empfindungen, Ihre Wünsche und Ängste. Offenheit ist in Paarbeziehungen eine notwendige Bedingung und auch im Arbeitskontext sollte zumindest auf der professionellen Ebene ein grundlegendes Gespräch möglich sein. Je nach Verhältnis zu Ihren Kollegen/Vorgesetzten können Sie auch dort über Ihre Gefühle sprechen.

Grundsätzlich gilt:

Je besser Ihr Gegenüber Sie versteht, desto eher ist er bereit, auf Sie zuzugehen und Kompromisse einzugehen.

Denn manchmal ist dem Gegenüber nicht bewusst, wie Sie sich fühlen. Wenn Sie Ihrem Chef zum Beispiel mitteilen, dass Sie überarbeitet sind und deshalb schlecht schlafen und sich schlechter konzentrieren können, so ist er sicherlich eher bereit, Ihnen Arbeit abzunehmen, als wenn Sie die Arbeit einfach unbegründet liegen lassen, getreu dem Motto: „Er wird sich ja denken können, dass es mir zu viel ist."

In der Praxis erhöhen Sie die Kooperationsbereitschaft bei einem Gesprächs- oder sogar Konfliktpartner also am besten, wenn Sie

- sich offen für die Meinungen und Empfindungen anderer zeigen („Bitte erkläre mir deine Sicht der Dinge, es interessiert mich").
- deutlich machen, dass Sie auf Kompromisse aus sind („Auch wenn wir hier anderer Meinung sind, sollten wir eine gemeinsame Lösung finden").
- dem Gegenüber auf der persönlichen Ebene Respekt zeigen, auch wenn Sie inhaltliche Differenzen haben mögen („Ich schätze Sie und Ihre Meinung sehr, auch wenn wir hier unterschiedlicher Auffassung sind").

Durch diese positiven Signale, die Sie senden, erhöhen Sie das *Vertrauen* beim Gegenüber. Sie müssen zunächst aber auch sich selbst vertrauen: Sie müssen hinter Ihren Positionen stehen und darauf vertrauen, dass Sie ein berechtigtes Anliegen haben, müssen im zweiten Schritt aber auch auf die Berechtigung des Anliegens Ihres Gesprächspartners vertrauen. Zuletzt müssen Sie das Vertrauen aufbringen, dass der andere Ihre Kompromiss- und Kooperationsbereitschaft nicht ausnutzt. Vertrauen ist also der Grundstein, auf dem Kompromisse fußen.

Der Sokratische Dialog eignet sich besonders gut zum Erzielen von Kompromissen, da die Fragen dem Gegenüber nie das Gefühl vermitteln, man wolle bevormunden oder bestimmen. Man stellt lediglich Fragen und aktiviert damit Denkprozesse ohne Werturteile. Nutzen Sie den Sokratischen Dialog, um Kompromisse und Kooperationsbereitschaft zu erzielen.

Gemeinsame Ziele festlegen

In Beziehungen, sei es im beruflichen oder im privaten Kontext, sind gemeinsame Ziele von großer Bedeutung. Wir haben bereits gelernt, dass es wichtig für die mentale Gesundheit ist, Ziele im Leben zu haben, und dass die Abwesenheit von Zielen zu einer Sinnkrise führen kann. Auch kann es mental belastend sein, wenn man sich Ziele steckt, die man nicht erreichen kann, und somit ständig mit dem Gefühl des Scheiterns konfrontiert wird. Diese Betrachtungsweise ist individueller Natur. In einer Beziehung kommt ein weiterer Faktor hinzu: Die eigenen Ziele müssen mit denen des anderen übereinstimmen oder dürfen diesen zumindest nicht widersprechen. Es bedarf also einer Abstimmung der gemeinsamen Ziele, um grundlegende Konflikte zu vermeiden.

Nehmen wir an, ein Ehepaar hat grundsätzlich gegensätzliche Ziele. Sie möchte gerne die Welt bereisen, am besten in einem Beruf arbeiten, der sich vollkommen flexibel ausüben lässt, und sich nicht an einen Ort binden. Er ist auf Sicherheit und Kontinuität bedacht, möchte eine feste Stelle, eine Eigentumswohnung und eine Familie. Diese beiden Zielvorstellungen sind derart verschieden, dass es sich nur schwer vorstellen lässt, dass dieses Ehepaar ernsthaft übereinkommt. Sollten beide an der Beziehung festhalten wollen, müsste einer der beiden Partner Ziele aufgeben, um die des anderen verwirklichen zu können. Doch vielleicht gibt es auch hier einen Konsens – zum Beispiel, dass die Frau einen flexiblen Job ausübt, dies aber überwiegend von zu Hause aus tut. Bevor es zur Familiengründung kommt, machen beide eine sechsmonatige Weltreise, sodass sie ihr Ziel erreicht hat, die Welt zu sehen, er kann danach in seinen eigenen vier Wänden heimisch werden. Diese Lösung lässt sich jedoch nur erarbeiten, wenn beiden Partnern bewusst ist, welche Ziele der andere hat und welche Wertigkeit diese für den jeweils anderen haben. Durch die Schaffung gemeinsamer Ziele werden Grundsatzkonflikte vermieden. Betrachten wir dazu ein Beispiel, dieses Mal aus dem beruflichen Kontext:

Mitarbeiter: „Ich bin aktuell nicht zufrieden auf der Arbeit. Ich habe das Gefühl, ich komme hier nicht weiter."

Vorgesetzter: „Was verstehen Sie unter Zufriedenheit am Arbeitsplatz?"

M: „Ich will mich und meine Persönlichkeit einbringen. Und ich möchte mich nach und nach für anspruchsvollere Aufgaben qualifizieren."

V: „Warum glauben Sie, das hier nicht zu können?"

M: „Ich habe nun seit zwei Jahren exakt denselben Aufgabenbereich, eine Beförderung oder Erweiterung der Aufgaben steht nicht an, wenn ich Sie richtig verstehe. Ich denke, es gibt keine besonders gute Perspektive für mich."

V: „Es stimmt, ich habe Sie bisher auf dieser Stelle belassen, da ich mit Ihrer Arbeit sehr zufrieden bin. Sie sind gut in dem, was Sie jetzt tun. Ich kann aber verstehen, dass Sie sich in Zukunft in einer höheren Position sehen."

M: „Könnten Sie sich vorstellen, mich in einer höheren Position einzusetzen?"

V: „Durchaus, ich denke, dass wir nur noch ein wenig Zeit benötigen, ich muss schließlich Ihren Nachfolger einarbeiten, damit er Ihre Aufgaben übernehmen kann. Geben Sie mir noch etwas Zeit, dann werden wir eine Lösung finden."

M: „Das klingt gut."

V: „Haben Sie somit wieder eine Perspektive im Unternehmen?"

M: „Definitiv. Mit dieser Aussicht werde ich meine aktuellen Aufgaben wieder mit mehr Elan wahrnehmen können."

In diesem Beispiel verständigen sich der Vorgesetzte und sein Mitarbeiter auf ein gemeinsames Ziel. Wir haben bereits gelernt, dass Ziele eine **zeitliche Dimension** haben. Der Kompromiss besteht darin, dass der Mitarbeiter die gewünschte Perspektive aufgezeigt bekommt und dafür noch eine gewisse Zeit lang wartet, seine Ambitionen also sozusagen zeitlich begrenzt zurückhält, weil er weiß, dass er zu einem späteren Zeitpunkt sein Ziel verwirklichen kann.

Auch wenn es sich erneut um ein Beispiel handelt, bei dem zwei Laien miteinander ins Gespräch kommen, ist die Sokratische Struktur unverkennbar. Nach der Frage / dem Problem erfolgt die Begriffsdefinition, das Aufzeigen des Wissens beziehungsweise Nicht-Wissens des Mitarbeiters (dass sein Chef ihn deshalb nicht befördert, weil er seine Arbeit an Ort und Stelle schätzt), im Anschluss eine erneute Aufnahme der Frage und ein Kompromiss, der zu der Erkenntnis führt, dass es für den Mitarbeiter doch eine Perspektive gibt.

Den Zusammenhalt stärken

Durch das Eingehen von Kompromissen wird der Zusammenhalt innerhalb einer Beziehung gestärkt. Der Sokratische Dialog ist also nicht nur ein Mittel zur Definition von Zielen, sondern auch zur Erzielung von Kompromissen und Zusammenhalt. Darüber hinaus ist es psychologisch erwiesen, dass Kompromisse und gemeinsame Lösungen besser für unsere mentale Gesundheit sind als Konflikte oder das Beharren auf eigene Standpunkte. Wir fühlen uns tendenziell immer wohler, wenn wir das Gefühl haben, etwas gemeinsam zu entscheiden, und wenn alle Parteien mit dem Ergebnis leben können. Wenden Sie den Sokratischen Dialog an, um den Zusammenhalt in Ihrer Partnerschaft oder die Kooperationsbereitschaft innerhalb Ihres Kollegenkreises auf der Arbeit zu stärken, und gehen auch Sie so gestärkt durch den Alltag.

Sokratischer Dialog verdeckt: Einzelne Techniken für den Alltag

Nicht immer haben wir eine Person in unserer unmittelbaren Nähe, mit der wir einen Sokratischen Dialog führen können. Auch eignet sich nicht jeder potenzielle Gesprächspartner dafür, denn die Rolle des Fragestellers ist eine gewichtige und verlangt ein hohes Maß an Empathie und situativem Verständnis für den anderen. Ferner kann ein Mensch, der als Sokratischer Dialogpartner geeignet wäre, selbst zum Thema des Dialogs werden, etwa der Partner. Nicht immer können Sie also den kompletten Dialog durchexerzieren, Sie können jedoch einzelne Techniken herausnehmen und diese in Ihren Alltag integrieren. Sollten Sie in eine Situation geraten, die bei Ihnen schlechte Gedanken und Gefühle und daraus resultierend Stress oder sonstige Reaktionen hervorrufen, können Sie sie direkt und ohne die Hilfe eines Dialogpartners anwenden.

Reflexion

- **Reflexion der eigenen Gefühle**:

Ihre Gefühle reflektieren können Sie auch ohne die Hilfe des Dialogpartners. Wenn Sie bereits den einen oder anderen Sokratischen Dialog mit einem Gesprächspartner hatten, wird es Ihnen umso leichter fallen. Fragen Sie sich, warum Sie so empfinden und wie Sie empfinden (A-B-C-Modell), und hinterfragen Sie Ihre Gefühle.

- **Reflexion der Sinnhaftigkeit der Gefühle:**

Fragen Sie sich, ob Ihre Reaktion angemessen und sinnhaft ist. Gefühle lassen sich nur schwer abstellen und auch nur schwer rational entkräften, dennoch können Sie sich sagen: „Es nützt nichts, so zu denken. Es zieht mich nur herunter." Versuchen Sie, sich von negativen Gefühlsreaktionen zu befreien, indem Sie sie als dysfunktional erkennen und dagegen angehen.

- **Erarbeitung neuer Kognitionen:**

Statt der alten, belastenden Kognitionen haben Sie im Rahmen des Sokratischen Dialogs neue Kognitionen entwickelt. Rufen Sie sich diese stets ins Bewusstsein. Wenn eine Situation auftritt, die Sie triggert, das heißt, eine negative Kognition in Ihnen auslöst, greifen Sie bewusst auf die neu erarbeitete positive Kognition zurück. Machen Sie sich bewusst, was Sie zuvor erarbeitet haben, und versuchen Sie, das Ergebnis im Alltag anzuwenden.

- **Aufsagen der neuen Glaubenssätze:**

Sagen Sie sich Ihren neuen, positiven Glaubenssatz vor, den Sie im Rahmen eines Sokratischen Dialogs mit Ihrem Gesprächspartner entwickelt haben. Dies kann in Form eines Mantras geschehen, also indem Sie den Satz immer wieder wiederholen oder aufschreiben, es kann aber auch über eine Konditionierung funktionieren – verbinden Sie Ihren positiven Glaubenssatz zum Beispiel mit einem Lied, das Sie in stressigen Momenten hören, um zu neuer Positivität zu gelangen.

Praxistipp: Ziehen Sie sich in belastenden Situationen für kurze Zeit zurück. Beinahe jede Situation bietet Ihnen die Möglichkeit, kurz in sich zu gehen und Abstand zu gewinnen. Zur Not muss der Gang zur Toilette als Ausrede herhalten, damit Sie sich für drei bis fünf Minuten absetzen und sortieren können. Gehen Sie in aller Ruhe in sich und reflektieren Sie Ihre Gefühle, Ihre Kognitionen und sagen Sie sich Ihre positiven Kognitionen und Glaubenssätze vor. So gelangen Sie zu einer inneren Ruhe. Sollten Sie zudem zu körperlichen Reaktionen neigen, hilft Ihnen eine Atemtechnik, die Ihren Herzschlag senkt und Sie bei Stress oder Panik wieder in eine ruhige Atmung und damit in eine ruhigere Stimmung versetzt: Atmen Sie vier Sekunden ein, halten Sie die Luft für sieben Sekunden an und atmen Sie acht Sekunden aus. Die 4-7-8-Atmung senkt automatisch Ihren Puls und ist einfach und schnell durchzuführen. Probieren Sie sie aus und integrieren Sie sie bei Bedarf in Ihren Alltag.

Atemtechniken und Meditationen

Links oder QR-Codes zum Audio-Guide

Übung: Atemübung

https://bit.ly/3JoBXrO

Übung: Meditation zur Erdung für mehr Stabilität

http://bit.ly/3Rd9YgN

Übung: Meditation ‚Entspannt in den Tag starten'

http://bit.ly/40pkQfR

Übung: Meditation für inneren Frieden und Ausgeglichenheit

https://bit.ly/3wFlIPE

Das AHA-Modell

Ebenfalls taugt das sogenannte AHA-Modell als wirksames Tool für den Alltag. Die drei Buchstaben stehen für **A**chtsamkeit, **H**altung und **A**ktion. Die drei Säulen können Ihnen insbesondere in scheinbar ausweglosen Momenten eine große Stütze sein, etwa, wenn Ihre Partnerschaft in einer Sackgasse zu stecken scheint oder wenn Sie so viel Arbeit auf dem Schreibtisch haben, dass Sie den vielen Aufgaben nicht mehr Herr werden können. Auch wenn Sie das Gefühl haben, dass Sie nichts beeinflussen können, sich also einer Situation ausgeliefert fühlen, können Sie jederzeit die Haltung beeinflussen, die Sie zu der Situation einnehmen. Aus dieser Haltung heraus können Sie wiederum handeln – Sie ermächtigen sich sozusagen selbst in einer Situation, in der Sie sich eigentlich machtlos fühlen.

Üben Sie also die drei Säulen ein:

- **Achtsamkeit**:

Im ersten Schritt gilt es, innezuhalten. Versuchen Sie, in sich zu gehen und die Situation, in der Sie sich befinden, so ganzheitlich wie möglich zu erfassen. Nehmen Sie dabei einerseits Ihre Umgebung, aber auch Ihre eigenen Gefühle wahr. Versuchen Sie, gedanklich im Hier und Jetzt zu bleiben und die Situation so anzunehmen, wie sie ist. Wenn Sie zu viel Arbeit auf dem Tisch haben, dann ist das in diesem Moment so. Nehmen Sie die Situation an, dass Ihr Schreibtisch voll mit Arbeit ist, und vertrauen Sie sich selbst: „Ich schaffe das, ich kann das schaffen, ich vertraue in meine Fähigkeiten."

- **Haltung**:

Nehmen Sie eine selbstbestimmte Haltung zu den Dingen ein. Überdenken Sie dabei verschiedene Blickwinkel und Perspektiven, etwa die Ihres Chefs, der Ihnen die Arbeit gibt, weil er Ihnen vertraut oder vielleicht auch, weil er niemand anderen hat, der die Arbeit in gleicher Qualität ausüben kann. Versetzen Sie sich auch in die Perspektive Ihrer Kollegen, vielleicht haben diese genauso viel zu tun. Aus diesen Überlegungen entwickeln Sie eine Haltung, Sie lassen sich also nicht mehr von Ihrem Impuls und Ihren Emotionen (Angst, Überforderung, Stress) dazu leiten, sondern von Ihrer objektiveren, distanzierten Haltung: „Ich weiß, dass es viel ist, aber den anderen geht es auch so. Ich kann es schaffen und ich werde es angehen."

- **Aktion**:

Durch die Aktion werden Sie vom passiven Überdenker zum aktiven Macher. Denken Sie nicht, „Jemand müsste diesen riesigen Stapel abarbeiten", oder, „Man müsste dringend mit dem Chef sprechen", sondern tun Sie es einfach. Werden Sie aktiv an den Stellen, an denen Sie es können, die in Ihrer Macht stehen. Das Aufschieben von Aufgaben bringt nichts, es belastet Sie mental meist noch mehr. Nachdem Sie also in sich gegangen sind, die Situation erfasst und eine Haltung zu ihr entwickelt haben, gilt es, aus diesen Erkenntnissen eine Handlung folgen zu lassen. Schließlich übersetzte schon Faust in Goethes gleichnamigem Werk den ersten Satz der Bibel mit: „Am Anfang war die *Tat.*"

Achtsamkeitsübungen

Beim Praktizieren von Achtsamkeit geht es in erste Linie darum, vom Stress des Alltags bewusst eine Auszeit zu nehmen und sich aufs Hier und Jetzt zu konzentrieren. Sie erreichen das beispielsweise durch das bewusste Atmen.

Übung: Bewusstes Atmen

Legen Sie Ihre Hände auf Ihren Bauch und atmen Sie ein paar Male durch die Nase tief in den Bauch ein und durch den Mund wieder aus. Machen Sie diese Übung gerne mehrmals am Tag, beispielsweise beim Autofahren oder wenn Sie beim Einkaufen in der Warteschlange stehen. Bewusstes Atmen lässt sich ganz einfach in den Alltag einbauen. Wenn es die Temperatur zulässt, gehen Sie barfuß raus in den Garten oder auf eine Wiese, denn Barfußlaufen erdet, durch den Ionenaustausch mit unserer Erde.

Dankbarkeitstagebuch

Die Schwingung der Dankbarkeit ist überaus hoch und mächtig. Wie schon erwähnt, ziehen wir das an, was wir aussenden. Bringen wir also den Fokus zur Dankbarkeit, senden wir das Gefühl des Habens aus und erhalten im Zuge dessen noch mehr, wofür wir dankbar sein können. Vielleicht fällt es Ihnen anfangs schwer, etwas zu finden, wofür Sie dankbar sind, Sie werden jedoch sehr schnell feststellen, dass nach einigen Tagen die abendliche Liste immer länger wird.

Anleitung:

Kaufen Sie sich ein schönes Büchlein und setzen Sie sich abends, bevor Sie schlafen gehen, noch einmal hin und lassen Ihren Tag Revue passieren.
Denken Sie darüber nach, was Sie alles erlebt und gemacht haben, was Ihnen ein gutes Gefühl gab und worüber Sie sich gefreut haben. Bei Blockaden ist es auch hilfreich, darüber nachzudenken, was als selbstverständlich erachtet wird. Für den Anfang reichen drei Dinge. Das kann zum Beispiel sein:

- Das schöne Wetter
- Ihr gesundes Frühstück oder das leckere Abendessen
- Sie wurden an der Kasse vorgelassen
- eine erfolgreiche Sporteinheit
- ein Telefonat mit einem lieben Menschen
- eine schöne Textnachricht
- liebe Worte, die Sie erhalten haben
- ein Lob
- der Spaziergang im Wald
- die Familie, den Partner, die Kinder und die Freunde im Leben

Aufschreiben der Sorgen und Gedanken

Sobald Sie Ihre Sorgen und negativen Gedanken auf Papier gebracht haben, werden diese dadurch losgelassen und verlieren ein Stück weit die Macht über Sie. Wenn Sie möchten, verbrennen Sie das Blatt Papier und sehen den Rauch als Transformation an.

Beispiel:

Nehmen Sie ein leeres Blatt Papier und schreiben Sie untereinander alles auf, was Sie beschäftigt. Das kann zum Beispiel sein, dass Sie Angst davor haben, allein gelassen zu werden, oder einen Streit mit einem Menschen hatten, der Sie beschäftigt. Es gibt hier keine Grenzen, alles darf aufgeschrieben werden. Sie müssen auch nicht kleine Sorgen von großen Sorgen unterscheiden, schreiben Sie alles auf, was Sie belastet und bedrückt.

Haben Sie alles auf Papier gebracht, können Sie dieses verbrennen. Sagen Sie gerne parallel den Satz: „Das Feuer verbrennt nun all meine Sorgen und Ängste. Alles darf sich in Rauch auflösen."

Fazit

Wir sind nun am Ende unserer intensiven Beschäftigung mit dem Sokratischen Dialog angelangt. Wir haben zunächst die geschichtlichen Hintergründe der Methode betrachtet und dabei auch etwas über Sokrates, den namensgebenden Philosophen, und seine Hebammenkunst erfahren. Im Anschluss haben wir den Sokratischen Dialog en détail kennengelernt, Sie wissen nun, wie er aufgebaut ist, welcher Logik er folgt und in welchen Situationen Sie ihn anwenden können. Des Weiteren haben wir uns mit konkreten Anwendungsmöglichkeiten auseinandergesetzt und eine Reihe von praktischen Beispielen besprochen, von denen Ihnen das eine oder andere unter Umständen aus Ihrem Alltag bekannt sein dürfte. Zudem haben Sie die Kognitionswissenschaft und die kognitive Umstrukturierung (näher) kennengelernt.

Nach der Lektüre sind Sie nun also ein echter Profi, was den Sokratischen Dialog anbelangt, und Sie könnten vermutlich nun sowohl als Klient als auch als Dialogpartner in den Dialog einsteigen und unabhängig von Ihrer Position wichtige Erkenntnisse gewinnen. Wie jede Technik erfordert auch der Sokratische Dialog selbstverständlich Übung. Genau wie ein Handwerker lernen muss, mit seinem Werkzeug umzugehen, und ein professioneller Fußballspieler jahrelang trainieren muss, um eine perfekte Schusstechnik zu entwickeln, müssen auch Anwender der Sokratischen Methode immer wieder neue Dialoge führen, bis schließlich der perfekte Sokratische Dialog am Ende steht, der zu einer tiefgreifenden Erkenntnis des Klienten führt und diesen dazu veranlasst, sein Leben im positiven Sinne zu ändern.

Denn genau darum geht es – überwinden Sie alte Glaubenssätze, negative Gedanken und dysfunktionale Kognitionen, um befreiter und positiver durch den Alltag gehen zu können. Verwenden Sie die Techniken des Sokratischen Dialogs in alltäglichen Situationen, um sich selbst „Erste Hilfe" in kritischen oder belastenden Momenten leisten zu können, und vertiefen Sie die Themen anschließend mit Ihrem Dialogpartner. Dieser kann sowohl ein professioneller Therapeut als auch eine Person aus Ihrem Umfeld sein. Hauptsache, Sie fühlen sich dabei gut und erhalten den notwendigen philosophischen und praxisorientierten Input.

Generell gilt allerdings:

Bei ernsthaften psychischen Problemen, diagnostizierten Krankheiten oder bei extremen Ausschlägen, wie Suizidgedanken, suchen Sie stets professionelle Hilfe.[1]

Auch Therapeuten wenden gerne die Stilmittel des Sokratischen Dialogs an, sie gehen darüber hinaus aber sicher, dass Sie auch medizinisch umfassend versorgt werden, und können am besten einschätzen, ob Sie eine Gefahr für sich selbst darstellen.

Sind Ihre negativen Gedanken und Kognitionen jedoch alltäglicher Natur, ist der Ansatz der Hilfe zur Selbsthilfe überaus effektiv. Die Lösung Ihrer Probleme ruht bereits in Ihnen, Sie müssen sie nur noch finden. Und genau bei diesem Findungsprozess hilft Ihnen der Sokratische Dialog. Sie wissen nun, wie man ihn anwendet, also probieren Sie es aus. Sie werden feststellen, dass Ihr Alltag nicht nur intellektuell bereichert wird, sondern dass Sie für viele Ihrer Probleme tatsächlich bald eine Lösung parat haben werden, die Ihnen zuvor nicht eingefallen ist.

Also viel Spaß und vor allem viel Erfolg bei der Anwendung des Sokratischen Dialogs. Denn wie heißt es bereits bei Äsop: *Hic rhodus, hic salta*! (Hier ist Rhodos – hier springe! Sinngemäß: Hier an Ort und Stelle kannst du deine Fähigkeiten demonstrieren!)

---

[1] Telefonseelsorge, rund um die Uhr telefonisch zu erreichen unter 0800-1110111

Für Hilfe bei Depressionen und Prävention von Suiziden kann die Stiftung Deutsche Depressionshilfe kontaktiert werden: deutsche-depressionshilfe.de; Infotelefon Depression: 0800-3344533

Informationen finden Sie zudem auf der Webseite der Deutschen Gesellschaft für Suizidprävention: suizidprophylaxe.de

Literaturverzeichnis

• Batra, A. (2013). *Verhaltenstherapie. Grundlagen, Methoden, Anwendungsbereiche.* Stuttgart: Thieme.

• Beck, A. T., & Harrison, R. (05. März 1982). Stress, neurochemical substrates, and depression: Concomitants are not necessarily cause. *The behavioral and brain science*, S. 101-102.

• Beck, J. S. (2013). *Praxis der Kognitiven Verhaltenstherapie.* Weinheim: Beltz.

• Berekoven, L., Eckert, W., & Ellenrieder, P. (2009). Kundenzufriedenheitsforschung. In L. Berekoven, W. Eckert, & P. Ellenrieder, *Marktforschung. Methodische Grundlagen und praktische Anwendung* (S. 293-300). Wiesbaden: Springer Fachmedien.

• Bourdieu, P. (1982). *Die feinen Unterschiede. Kritik der gesellschaftlichen Urteilskraft.* Frankfurt: Suhrkamp.

• Brandt, G., & Spangenberg, H. (20. September 2022). Karriere mit Kind. Wie wirkt sich frühe Mutterschaft auf das Erreichen von Führungspositionen bei Akademikerinnen aus? *KZfSS. Kölner Zeitschrift für Soziologie und Sozialpsychologie*, S. 303-327.

• Bühler, P. (51. Jahrgang. Nr. 6 2005). Die Verwirrung des Bewusstseins in sich. Sokrates und die Geschichte der Pädagogik. *Zeitschrift für Pädagogik*, S. 876-891.

• Bühler, P. (2012). *Negative Pädagogik. Sokrates und die Geschichte des Lernens.* Paderborn: Schöningh.

• Döring, K. (1998). Sokrates. In H. Flashar, *Grundriss der Geschichte der Philosophie* (S. 141-178). Basel: Schwabe.

• Erler, M. (2007). Maieutik. In C. Schäfer, *Platon-Lexikon* (S. 193-194). Darmstadt: Wissenschaftliche Buchgesellschaft.

• Festinger, L. (1957). *A Theory of Cognitive Dissonance.* Stanford University Press: Stanford.

• Festinger, L. (2012). *Theorie der kognitiven Dissonanz.* Bern: Huber Verlag.

• Festinger, L. (2012). *Theorie der Kognitiven Dissonanz.* Bern: Huber Verlag.

• Freud, S. (1923/2013). *Das Ich und das Es.* Stuttgart: Reclam.

• Fromm, E. (1976). *Haben oder Sein. Die seelischen Grundlagen einer modernen Gesellschaft.* München: dtv Verlagsgesellschaft.

• Gilbert, D., & Malone, P. (117. Ausgabe 1995). The correspondence bias. *Psychological Bulletin*, S. 21-38.

• Hansen, M. H. (2006). *Polis. An introduction to the Ancient Greek City State.* Oxford: Oxford University Press.

• Hügli, A. (2003). Aporie. In A. Hügli, & P. L. (Hrsg.), *Philosophielexikon. Personen und Begriffe der abendländischen Philosophie von der Antike bis zur Gegenwart.* Reinbek: Rowohlt.

• Joas, H. (1999). *Die Entstehung der Werte.* Frankfurt: Suhrkamp.

• Koentges, C. (2017). Sokratischer Dialog. In A. Wirtz, *Lexikon der Psychologie* (S. 1566). Bern: Hogrefe.

• Maier, P. D. (14. Februar 2018). *Intrinsische Motivation.* Abgerufen am 06. Mai 2023 von wirtschaftslexikon.gabler.de: https://wirtschaftslexikon.gabler.de/definition/intrinsische-motivation-41764/version-256123

• Molcho, S. (2002). *Alles über Körpersprache.* Mosaik Verlag: Berlin.

• Schmitt, W. M., & Nymoen, O. (2021). *Influencer. Die Ideologie der Werbekörper.* Frankfurt: Suhrkamp.

• vgl. Gadamer, H.-G. (1960). *Wahrheit und Methode.* Tübingen: Mohr-Siebeck.

• Wilken, B. (2003). *Methoden der kognitiven Umstrukturierung. Ein Leitfaden für die psychotherapeutische Praxis.* Stuttgart: Kohlhammer.

• Wöhrmann, K.-R. (1983). Über einen strukturellen Unterschied zwischen der Mäeutik des Sokrates und dem Sokratischen Gespräch nach Leonard Nelson. In D. Horster, & D. Krohn, *Vernunft, Ethik, Politik. Gustav Heckmann zum 85. Geburtstag* (S. 289-300). Hannover: SOAK.

1. Auflage

Kontakt: Psiana eCom UG/ Berumer Str. 44/ 26844 Jemgum

Covergestaltung: Fenna Larsson

Coverfoto: depositphotos.com